一人暮らしでも、朝練の日でも、遠征の日でも
これなら続けられる

アスリートのための朝食術

監修／田口素子

著／早稲田大学スポーツ栄養研究所
エームサービス株式会社

女子栄養大学出版部

はじめに

　トップアスリートのみでなく、ジュニアアスリートやスポーツを楽しむすべてのかた
にとって、適切な栄養摂取はコンディション維持とパフォーマンス向上のためにきわめ
て重要です。近年、摂取エネルギー不足によりアスリートの心身のコンディション不
良をきたすことが明らかとなり、国際的にも警鐘が鳴らされています。わが国でも朝食
を欠食したり、食事をおろそかにしているアスリートや子どもが増えています。欠食を
すればエネルギー摂取量は低下し、慢性的なエネルギー摂取不足が続くと、さまざまな
生理機能への影響があることが報告されています。また、授業に集中できなかったり、
疲労感を感じたりする生徒や学生が増えていることにも関連していると考えられます。

　しかし、生活の多様化と共働きの家庭も増えている昨今、食事づくりに十分な時間を
割くことがむずかしい状況もあるのではないでしょうか。簡略でありながらも栄養バラ
ンスのとれた食事が提供できるような知識と技術を身につけていただくことは、アスリ
ートや子どもの栄養状態の改善に大いに役立つと考えられます。また、大学進学後や
遠征などにともなって、一人暮らしや自炊を余儀なくされる際のコンディション維持に
も役立つこととなりましょう。

　そこで、朝食の欠食をなくすという社会的課題の解決に向けて貢献できるよう、スポ
ーツ栄養学の実践研究を推進している早稲田大学スポーツ栄養研究所と、アスリート
の食事管理のノウハウを有するエームサービス株式会社が連携し、2020年のオリンピッ
クイヤーに本書の出版を企画しました。読みやすいレシピブックでありながら、これま
での研究結果も盛り込み、エビデンスにもとづいた内容にしています。

　本書がアスリートや指導者、スポーツをするお子さんをもつ保護者、アスリートのサ
ポートを行う専門家の皆さまがたのお役に立てれば幸いです。

2020年3月

早稲田大学スポーツ栄養研究所 所長
早稲田大学スポーツ科学学術院 教授
公認スポーツ栄養士
田口素子

学生アスリートの体づくり、パフォーマンスの向上に朝食は欠かせないことを知ってほしい

田口素子

たぐち もとこ 早稲田大学スポーツ科学学術院教授、スポーツ栄養研究所所長。管理栄養士、公認スポーツ栄養士。
早稲田大学大学院スポーツ科学研究科博士後期課程修了［博士（スポーツ科学）］。日本ではじめてバルセロナオリンピック（1992年）に競技団体専属管理栄養士として帯同。トップアスリートからジュニアまでサポート経験豊富。日本陸上競技連盟医事委員会スポーツ栄養部部長として活動中。

奥野景介

おくの けいすけ 早稲田大学スポーツ科学学術院教授、早稲田大学水泳部総監督。
早稲田大学教育学部教育学科体育専修卒業、順天堂大学大学院体育学研究科コーチ学専攻修了（体育学修士）。早稲田大学在籍時にロサンゼルスオリンピック（400m自由形、800mリレー）のほか、多くの国際大会に出場。北京オリンピック以降、現在まで競泳日本代表コーチ、ユニバーシアード大会競泳ヘッドコーチ、世界水泳日本代表コーチ、東アジア大会競泳日本代表コーチ、世界選手権（25m）日本代表コーチを歴任。

日本水泳のトップ選手の指導者としても知られる奥野景介早稲田大学水泳部総監督。その指導はスポーツ科学にもとづいており、本書の監修者である田口素子による栄養サポートも取り入れています。スポーツ界の第一線を知る奥野さんと田口が、アスリートの食生活の現状と重要性を話し合います。

学生アスリートの多くがきちんと朝食を食べていない現状

田口 長年、スポーツ栄養の現場に携わっていますが、この数年、なんとかしなければと思うのが高校生、大学生といった学生アスリートの食生活です。なかでも、朝食を食べない子が増えているのが問題です。運動部に所属する大学生を対象にしたアンケートでも、多くは朝食を欠食[※1]しているという結果でした。これは体をつくり、パフォーマンスの向上を目指すためには見逃せないことです。早稲田大学水泳部を率いるお立場でいかがでしょう？

奥野 最近の若い選手には、細マッチョが格好いいという風潮が少なからずあると思います。「強そうに見えないで、じつは強い」というものへの憧れなのでしょうか。水泳部の監督としては、上半身は細マッチョでは困るのですが。

田口 競技によって理想の体型は異なりますが、全体に体の線が細い選手が増えた印象はあります。部活動をしていれば、運動量が多くておなかがすくはずなのですが、なぜ朝食を食べないとお考えになりますか？

奥野 学生選手にありがちですが、彼らの感覚として、食事は計画的にとるものではなく、空腹になったら食べるものなのかもしれません。大学の部活動は朝練がある部は少なく、午後の練習が部活動の中心となります。ですから、朝

食を食べなくても午前中はなんとかなってしまう。昼になるとおなかもすくし、夕方からの練習に備えて、昼食や間食を食べておく。練習後は、おなかがすくので夕食はしっかり食べる。このような食習慣が日常化しているのではないでしょうか。

田口 ただ、それでは1日に必要なエネルギー、栄養素は補えないのです。これは私たちの研究所[※2]の調査結果からみても明らかです。朝食の重要性を訴えたいのはそのためです。

まずは、"おにぎりと 具だくさんみそ汁"から

田口 研究所では、アスリートに適した栄養バランスのとれた食事の基本形として、「主食＋主菜＋副菜＋牛乳・乳製品＋果物」を整えることを推奨しています。

奥野 目安があると、アスリートは助かりますね。ただ、現実問題として料理が苦手だったり、用意する時間がなかったりという状況もあるかと思います。

田口 学生には最初のステップとして、「むずかしく考えなくていいんだよ。まずはエネルギーを確保するためにごはんを食べることから始めよう」とアドバイスします。「女性アスリートの育成・支援プロジェクト[※3]」では、昨年は個別アドバイスとして、その選手に必要なエネルギーや糖質量を運動量や体格から算出し、各自の主食の量を自分におに

ぎりにする指導をしています。おにぎりを見ると「こんなに食べなきゃいけないの？」「こんなに食べていいんだ！」という反応が多いですね。

奥野 まずは主食・ごはんなんですね。

田口 はい。今年は次のステップとして、「朝は1杯の具だくさんみそ汁を食べよう！」を目標に掲げました。具に卵や野菜を入れれば、それだけで主菜、副菜の代わりになります。

奥野 それなら料理が苦手だったり、時間がなくても実行できそうです。

田口 知識を教えたらそれでおしまいではなく、アスリートが無理なく実践できる方法を提示することが指導者に求められていると思います。

スポーツ栄養は、勝つための 作戦として不可欠な存在に

田口 奥野先生はオリンピアンですが、現役時代からスポーツ栄養はとり入れていたのでしょうか？

奥野 オリンピック競技チームに初めて栄養士が帯同したのがバルセロナ大会（1992年）ですよね。私はロサンゼルス大会（1984年）ですから、当時、スポーツ栄養に関する情報は、アスリートにはなかなか届きませんでした。

田口 では、どんな食事を？

奥野 水泳部寮の朝食は毎日同じで、1人分卵1個とお新香2切れ、あとは納豆、ごはん、みそ汁、ふりかけは食べ放題。大きなボールに山盛りになった納豆を、銘々がお玉ですくってモリモリ食べていましたね。昼食は、キャンパス周辺の盛りのいい飲食店で。ごはんとみそ汁が食べ放題の店は、運動部の学生が席の争奪戦をしていました（笑）。知識はありませんでしたが、量的にはしっかり食べていましたし、ジャンクフードやファストフードは食べませんでした。ただ、野菜は少なかったかな。

田口 なかなかすごい食生活ですが（笑）、朝食

でたんぱく質はそれなりにとれていますね。

奥野　はい。しかし、現在はスポーツ科学を練習に取り入れるのが当たり前になっています。私は指導する立場になってからは、スポーツ栄養は勝つための作戦として不可欠と考えてきましたし、アスリートの食事の問題は解決しなければならない課題でした。ですから、田口先生が大学に着任された時、真っ先に研究室を訪ねて栄養サポートをお願いしたのです。

田口　大学生アスリートであっても、中学校、高校で食事の大切さを教わらずにきた学生はたくさんいますね。相談でいちばん多いのは、男子選手では体を大きくしたい、筋肉をつけたいという体づくり、女子選手は減量です。

　女子選手は、やせたいとなると、運動量は多いのに食べなくなってしまう傾向がありますから、「食べないとやせないよ。これくらい食べても太らないし、かえって体が動くようになって体脂肪が減りやすくなるよ」とアドバイスします。「とにかく信じてやってごらん」と送り出すと、数週間後に「本当でした！」と報告に来てくれますね。

奥野　オリンピック代表クラスの選手のひとりが、今シーズン不調が続けば引退というせっぱ

詰まった状況で、田口先生のサポートチームに実践的な栄養サポートをしていただき、調子が戻って復活したときは本当にありがたかったです。私も栄養サポートの成果が成績にあらわれることを痛感しましたし、スポーツ栄養をとり入れて調子を上げる選手を見ることは、周りの選手の教育にもなると思います。

田口　スポーツ栄養は知識を教えることも大事ですが、食べないと体は変わりません。学生アスリートからかならず聞かれるのは「何を食べたらいいの？」ということです。それにこたえるためにも、具体的なレシピを提示していかなければいけないと思います。この本では、選手自身はもちろんですが、マネージャーや選手のご家族でも無理なく作れて、科学的な裏づけのあるレシピをたくさん紹介しています。実践すれば体が変わってくることを実感できるはずです。朝ごはんを食べる——まずは、その一歩から始めてほしいと願っています。

※1　欠食とは、「食事をしなかった場合、錠剤などによる栄養素の補給、栄養ドリンクのみの場合、菓子、果物、乳製品、嗜好飲料などの食品のみを食べた場合」を指す（厚生労働省　国民健康・栄養調査による）。
※2　早稲田大学スポーツ栄養研究所
※3　スポーツ庁委託事業として、女性特有の課題に着目した女性アスリートの戦略的強化に資する調査研究や、特定の女性競技種目の戦略的かつ実践的な強化のためのモデルプログラムの実施、女性特有の課題に対応した医・科学サポート等の支援プログラムを実施する取り組み。

Contents

PART 01
アスリートにとって朝食とは

PART 02
アスリートのための
食事術

トレーニング期の朝食

朝練がある日の朝食

試合前調整期の朝食

試合当日の朝食

試合後の栄養補給と翌日の朝食

オフ期の朝食

遠征・合宿時の朝食

COLUMN

きちんと朝食を食べていますか?

質問に答えていくと、今、自分に必要なページから読むことができます。

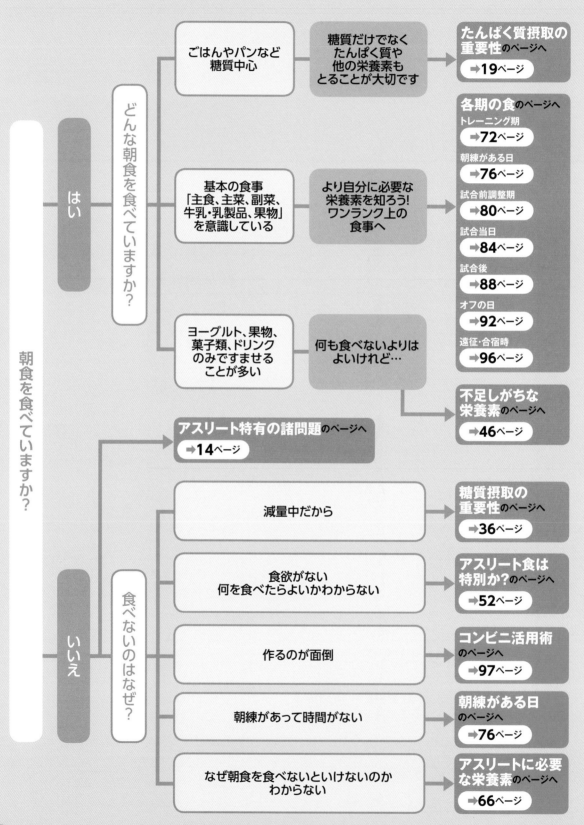

朝食を食べていますか?

はい

どんな朝食を食べていますか?

- ごはんやパンなど糖質中心
  → 糖質だけでなくたんぱく質や他の栄養素もとることが大切です
  → **たんぱく質摂取の重要性**のページへ **→19ページ**

- 基本の食事「主食、主菜、副菜、牛乳・乳製品、果物」を意識している
  → より自分に必要な栄養素を知ろう! ワンランク上の食事へ
  → **各期の食**のページへ
  - トレーニング期 **→72ページ**
  - 朝練がある日 **→76ページ**
  - 試合前調整期 **→80ページ**
  - 試合当日 **→84ページ**
  - 試合後 **→88ページ**
  - オフの日 **→92ページ**
  - 遠征・合宿時 **→96ページ**

- ヨーグルト、果物、菓子類、ドリンクのみですませることが多い
  → 何も食べないよりはよいけれど…
  → **不足しがちな栄養素**のページへ **→46ページ**

いいえ

→ **アスリート特有の諸問題**のページへ **→14ページ**

食べないのはなぜ?

- 減量中だから
  → **糖質摂取の重要性**のページへ **→36ページ**

- 食欲がない 何を食べたらよいかわからない
  → **アスリート食は特別か?**のページへ **→52ページ**

- 作るのが面倒
  → **コンビニ活用術**のページへ **→97ページ**

- 朝練があって時間がない
  → **朝練がある日**のページへ **→76ページ**

- なぜ朝食を食べないといけないのかわからない
  → **アスリートに必要な栄養素**のページへ **→66ページ**

本書の使い方

レシピの決まりごと

- 材料の分量は1人分で表記しています。1人分でない場合は、各レシピに記載しています。
- 計量スプーンは大さじ1＝15mℓ、小さじ1＝5mℓ、計量カップは1カップ＝200mℓです。
- 砂糖は「上白糖」、塩は「精製塩」、しょうゆは「濃口しょうゆ」、めんつゆは「めんつゆ（3倍濃縮タイプ）」、小麦粉は「薄力粉」を使用しています。
- 材料に表記した分量は、皮や種など廃棄する部分を除いたあとの正味のグラム数です（注意書きのあるものは除く）。
- 「適量」は好みの量で加減してください。
- 缶詰は商品によって1缶あたりの重量が異なる場合があるため、目安の分量を表記しています。
- 電子レンジの加熱時間は、500Wを基準にしています。400Wの場合は1.2倍、600Wの場合は0.8倍を目安に加減してください。機種によって多少差があります。
- 電子レンジで加熱する際は、付属の説明書に従って、高温に耐えられるガラスの皿やボールなどを使用してください。
- 耐熱容器を電子レンジで加熱する際は耐熱容器がたいへん熱くなっているので注意して取り出してください。また、ふたやラップをして加熱した場合は開ける際に熱風（蒸気）に十分注意してください。
- 卵やソーセージを電子レンジで加熱する際は破裂する恐れがあるので十分注意してください。卵が破裂しないようにする工夫として、「黄身に数か所、つまようじなどで穴をあける」「様子を見ながら30秒ずつ加熱をする」「ラップをする」「卵1個に対して水を大さじ1加える」などがあります。ソーセージが破裂しないようにする工夫として1本あたりの加熱時間は30秒を目安としてください。
- オーブントースターの加熱時間は1000Wを基準にしています。機種によって多少差があるため、様子を見ながら加減してください。

調理アイコンの見方

 下準備（材料を切るなど）から完成まで
5分以内でできる料理です（個人差はあります）。

 コンロ、電子レンジ、オーブントースターなどを使用しないで作れる料理です。

 火を使用せず、電子レンジのみで調理できる料理です。　 火を使用せず、オーブントースターのみで調理できる料理です。

 包丁を使用しないで作れる料理です。

 お弁当のおかずに適した料理です。
お弁当にする場合は、しっかり冷ましてからふたをしてください。

栄養素表記

各レシピにエネルギー量のほか、特に注目すべき栄養素とその量を掲載しています。

献立のモデル

本書の献立は、一般的な男子大学生アスリートの通常トレーニング期を設定し、1日のエネルギー摂取基準が3000〜3500kcalを想定しています。ジュニアアスリートや女性アスリート、減量中や増量中のアスリートは必要に応じて量を増減してください。

料理ビギナーのための
そろえておきたい調理器具

これだけあれば大丈夫!
基本の調理器具

調理をスムーズに進めるために、そろえておきたい基本ともいえる
調理器具です。これだけあればたいていの料理が作れます。

包丁

包丁は種類がさまざまですが、
どんな料理にも使えて手入れが
楽な三徳包丁がおすすめ。

まな板

扱いやすいコンパクトなサイズ
を選んで(写真は37.5×28.5×
1cm)。

ピーラー

皮をむくほか、にんじんやきゅ
うりをリボン状に切るのに便利。

ざるとボールのセット

ざるとボールは重ねられるサイ
ズのものを選ぶと、水きりなど
のときに便利。

計量カップ、計量スプーン

慣れないうちは、調味料などを
計量して作るのが成功のカギ。
山盛りではなく、すり切った量
が1杯です。

菜箸

加熱調理に便利な長めと、材料
を混ぜるのに重宝する短めを1膳
ずつ用意して。

フライパン(ふたつき)

直径24〜26cmくらいのフッ素樹
脂加工のものが便利。

鍋(ふたつき)

直径16〜20cm、深さ10cmくらいの
ものが便利。 材質は好みのもの
でOK。

フライ返し

フッ素樹脂加工のフライパンや
鍋を傷つけないプラスチック製
がおすすめ。

お玉

軽くて小ぶりなものが使いやす
い。1杯が何mℓかを計っておくと
計量カップがないときに便利。

調理を簡単に！
あると便利な調理器具

より簡単に時短したいときに便利な調理器具です。 必要に応じて買い足すとよいでしょう。

レンジ用蒸し器

電子レンジで使える蒸し器です。冷凍野菜などを解凍するときにも使えます。ふたと、底に蒸気穴のある内箱がセットになったものがおすすめ。

保存容器

作り置きや食材のストックに役立ちます。プラスチック製の耐熱容器は軽量で扱いやすく、電子レンジにも使えて便利です。

スライサー

包丁が苦手な人に便利。マルチスライサーなら、キャベツのせん切りやきゅうりの輪切りなどに大活躍！

スケール

料理や毎食のごはん量を計量するのにも便利。アスリートの必需品！ 1g単位で計量できるものを選んで。

湯沸かし電気ポット

短時間でお湯が沸くので、即席の汁物やゆで物をするときの時短に役立ちます。コンロの火口が少ないキッチンにもおすすめ。

そろえておきたい調味料

必須アイテム！
基本の調味料

料理でよく使う調味料です。これだけそろえておけば、
和風、洋風、中華風の料理が作れます。

- ・塩
- ・しょうゆ
- ・みそ
- ・砂糖
- ・めんつゆ
- ・顆粒コンソメ
- ・顆粒和風だし
- ・顆粒中華風だし
- ・サラダ油

味のバリエーションが増える！
あると便利な調味料

料理にコクや深みを出し、アクセントになる調味料です。
好みに合わせて、少しずつそろえてみては？

- ・酢
- ・酒
- ・みりん
- ・こしょう
- ・バター
- ・片栗粉
- ・ポン酢しょうゆ
- ・ごま油
- ・オリーブオイル
- ・マヨネーズ
- ・トマトケチャップ
- ・ソース
- ・ドレッシング類
- ・おろしにんにく（チューブ）
- ・おろししょうが（チューブ）

朝食の欠食状況

1 朝食とは

　私たちは、1日に大きく3回（朝食・昼食・夕食）に分けて食事をしています。一般的に朝食は朝起きてからはじめて口にする食事のことを指し、昼食や夕食に比べて、食事と食事の間隔が長いといえます。英語では朝食のことを"breakfast"といいます。これは、「break（断つ）+fast（絶食）」と訳され、朝食は「前日の夕食から長い時間何も食べていない絶食状態を断つ最初の食事」という意味になります。したがって、朝食は寝ている間に消費したエネルギーを補給し、寝ている間に低下した体温を高め、生活リズムを整える役割をもつため、1日の食事の中で大切な食事だといえるでしょう。

2 朝食の欠食状況

　厚生労働省の「平成29年国民健康・栄養調査」によると（図1）、1歳以上の朝食欠食率は男性13.6％、女性9.7％と報告されています。年齢別にみると、男女ともにその割合は20歳代で最も高く、それぞれ男性30.6％、女性23.6％にもなり

ます。20歳代の3〜4人に1人が朝食を欠食していることがわかります。

　また、学齢期（7〜14歳）において、その割合は男性3.7％、女性6.9％であり、15〜19歳になると、男性14.9％、女性11.3％と急激に増加しています。学齢期は食習慣が形成される時期であるため朝食欠食は大きな問題です。さらに、高校生のころから朝食を欠食する者が急増し、朝食欠食の習慣化につながっていることが考えられます。

　この調査における朝食欠食とは、①食事をしなかった場合、②錠剤などによる栄養素の補給、栄養ドリンクのみの場合、③菓子、果物、乳製品、嗜好飲料などの食品のみを食べた場合を示しています。したがって、朝食を欠食していない（＝朝食を食べている）と回答した人の中にも、「おにぎりやパンだけ」や「おにぎりやパンに飲み物」といった内容の乏しい朝食を食べている人も含まれています。

　朝食を食べている人もp.8のフローチャートに従って、朝食の食事内容について見直してみましょう。

図1　朝食の欠食率（1歳以上、性・年齢階級別）

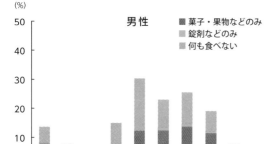

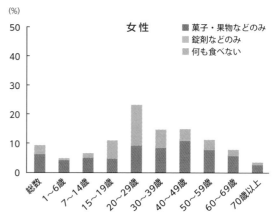

出典：厚生労働省「平成29年国民健康・栄養調査」より作図

朝食欠食の原因とリスク

1 朝食欠食の原因

朝食欠食の原因については、夕食の時間が遅くなり、さらには寝る時間が遅くなることによって「朝起きられない」、または朝起きても「食欲がない」、「時間がない」といった生活リズムの夜型があげられます。

小学5年生と中学2年生を対象とした「平成22年度児童生徒の食生活等実態調査（（独）日本スポーツ振興センター）」によると、朝食を食べない理由として、すべての区分において「食欲がない」「食べる時間がない」と答えた割合が高いことがわかりました（図2）。

この結果から、子どもたちの朝食欠食も生活リズムの夜型により夕食の時間が遅くなり、遅寝遅起きが影響していると考えられます。その他にも「朝食が用意されていない」「いつも食べない」などがあげられており、保護者の朝食に対する認識不足も子どもに影響を与えていることが考えられます。実際に、保護者が朝食を欠食している場合は、子どもの欠食の割合も高くなる傾向があることが報告されており、保護者の意識を変えることの必要性を感じる結果となっています。

2 朝食欠食のリスク

朝食を欠食すると、どのような影響があるのでしょうか。朝食を欠食すると、間食を食べたり、昼食や夕食でまとめ食いをしたりと、かえってエネルギー摂取量が多くなることがあります。また、朝食欠食により1日の食事回数が少なくなると、肝臓での中性脂肪やコレステロールの合成が増加し、1日のエネルギー摂取量が同じでも食事回数が少なくなるほど体脂肪の蓄積が増加します[1]。したがって、朝食の欠食は肥満や脂質異常症などの生活習慣病のリスクとなります。

特に子どもでは学力、体力および運動能力への影響も指摘されています。文部科学省の「平成30年度全国学力・学習状況調査」によると、朝食を「毎日食べている」と回答した児童生徒ほど、学力が高いことが報告されています。

さらに、スポーツ庁の「平成30年度全国体力・運動能力、運動習慣等調査」では、児童生徒の朝食摂取状況別に体力合計点を比較してみると、朝食を「毎日食べる」と回答した児童生徒の体力合計点は、「毎日食べているわけではない」と回答した児童生徒に比べて高い値を示しています（図3）。食習慣が形成される子どものころの朝食欠食は学力および体力の低下のみならず、将来の生活習慣病リスクを高める可能性にもつながります。このようなリスクを避けるためにも、朝食の摂取を心がけることが大切でしょう。

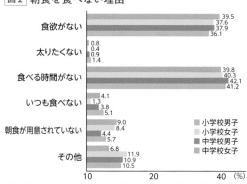

図2 朝食を食べない理由

出典：（独）日本スポーツ振興センター「平成22年度児童生徒の食生活等実態調査」

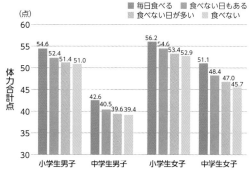

図3 朝食の摂取状況と新体力テストの体力合計点との関係

出典：スポーツ庁 「平成30年度全国体力・運動能力、運動習慣等調査」より作図

アスリート特有の食事の諸問題

1 アスリートの朝食欠食の現状

　スポーツをしている小学生から社会人を対象として、朝食欠食に関する調査が行われています。2006年（平成18年）に日本体育協会（現・日本スポーツ協会）によって実施された、スポーツ活動をしている小学生を対象とした調査[2]では、全体の約3％が朝食を欠食しているという結果でした。朝食を欠食する児童の理由としては、「食欲がない」、「食べる時間がない」があげられています。

　2011年（平成23年）に行われた競技レベルの高いサッカーの育成チームに所属する小学生、中学生、高校生の男子を対象とした調査[3]では、朝食を欠食している小学生は約3％、中学生は約1％、高校生は約3％でした。高校生から大学・実業団等の女性アスリート約1000人を対象とした早稲田大学女性アスリート育成・支援プロジェクトによる調査[4]では、約27％が週1日以上朝食を欠食しているという結果でした。また、まったく朝食をとっていないというアスリートが1％ほどいることもわかりました（図4）。

　これらの調査結果から、小学生から社会人まで、本格的に競技に取り組んでいるにもかかわらず、習慣的に朝食を欠食しているアスリート

図4 女性アスリートの朝食欠食状況

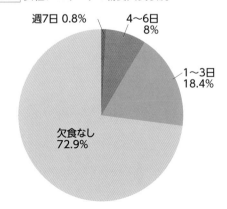

がいることがわかりました。

　スポーツをしていれば、必要なエネルギー量は多くなり、さらに子どもたちは、成長するためにもエネルギーが必要です。それにもかかわらず、週に1日でも欠食をしている人がいるということは大きな問題です。早朝から練習をすることもあるため、朝食を食べないままで活動をすると、練習やその後の授業などに必要なエネルギーが不足してしまう可能性が考えられます。

　女性アスリートの調査では、種目特性別に見ると、持久系の選手では比較的朝食の欠食が他に比べて少ない結果でしたが、審美系、球技系で多くなっていました（図5）。男性アスリートでは、球技系の欠食率が高い結果が得られています（未発表データ）。

図5 種目特性別に見た女性アスリートの朝食欠食状況

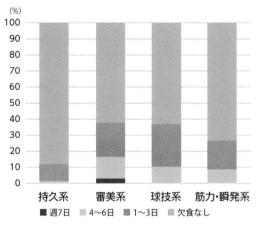

　朝食を食べない理由としては、「時間がないから」が最も多く、次いで「食欲がないから」が多くなっていました。種目特性別にみると審美系の選手では「太りたくないから」という理由も多くみられました。ほかにも、持久系、球技系、筋力・瞬発系の選手では、「練習が休みだから」という理由もありました。

　朝の練習が早い場合には手軽に朝食をとれる

ように内容を工夫すること、競技に合わせた体型に近づくためには朝食を欠食するのではなく、1日全体の食事のエネルギー摂取量を考えることが重要です。また、オフの日にもしっかり朝食をとることで、次の日のコンディションを整えることができると考えられます。

2 朝食欠食とエネルギー不足

　朝食を欠食すると、どのようなことが起こるでしょうか？　アスリートにとって特に影響が大きいのは、エネルギー不足になることです。朝の練習がある場合には朝食を欠食することによって、練習についていくことができない、練習に集中することができない、コンディションを整えることがむずかしいなどの問題が起こりやすくなります。

　実際に、朝食を欠食した場合と朝食を食べた場合の1日のエネルギー摂取量について検討している研究があります。朝食を欠食することにより、昼食や間食の量は増えていましたが、1日のエネルギー摂取量全体が少なくなることが示されています[5)6)]。このように朝食を欠食することで1日に必要なエネルギーが慢性的に不足してしまうのです。

　エネルギー不足は、アスリートのさまざまな健康問題の原因として考えられています。アスリートのエネルギーに関する考え方として、エナジー・アベイラビリティ（EA）という考え方があります。EAは、エネルギー摂取量から運動によるエネルギー消費量を差し引いて、除脂肪量（FFM）で割った値と定義されています。

　アメリカスポーツ医学会からは、女性アスリートの三主徴（低エナジー・アベイラビリティ、無月経、骨粗しょう症）に関する公式見解が示され[7)]、EAが30kcal/kg FFMより低くなることを低エナ

ジー・アベイラビリティ（LEA）とよび、女性であれば月経の状態が正常でなくなったり、骨の健康が損なわれたりするとされています（図6）。

図6 LEAの概念

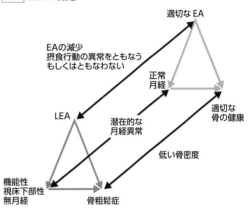

　2014年（平成26年）には国際オリンピック委員会からもLEAと同じような概念として相対的エネルギー不足（RED-S）という考え方が示され、男性も同様の健康問題が起こるとされています。RED-Sはこれまでの月経機能や骨の健康だけでなく、代謝、成長発達や免疫系などさまざまなことに影響すると示されています。特に、成長期のアスリートは成長に必要なエネルギーが不足することで、体づくりができなくなる可能性が考えられます。日本人男性ランナーを対象とした著者らの研究では、エネルギー不足により、骨吸収（分解）が促進していることが明らかになりました[8)]。

　また、著者らの日本人の女性アスリート研究ではEAが低値を示しているアスリートは安静時代謝量も低いことが示されています（投稿準備中）。安静時代謝量とは、人が生きていくために必要な最低限のエネルギー量のことです。EAが低くなるようなエネルギー不足の状態では、健康的に生きるために必要なエネルギー量までも削っているといえます。

3 朝食欠食のパフォーマンスへの影響

　朝食の欠食は、いくつかの研究からパフォーマンスへの影響もあることが示されています。

　たとえば、朝食を習慣的に食べている人が欠食をすることで、レジスタンス運動(筋肉に負荷をかける動作をくり返す運動)のパフォーマンスが低下すること[9]や、朝食の欠食によって夕方の30分間の自転車運動のパフォーマンスを低下させること[6]も示されています。また、朝食を欠食して、糖質がしっかりととれなかった場合、夕方の長時間の持久的なパフォーマンスを低下させることも示されています[10]。これらのことから考えると、瞬発的な運動と持久的な運動のどちらにも朝食の欠食が影響を与えると考えられます。

　別の研究では、朝食を習慣的に欠食している人は、朝食を食べている人に比べて四肢の除脂肪量が低値となる可能性がある[11]という報告もみられます。このことから、除脂肪量を増加させたいと考えるアスリートが朝食を欠食すると、体づくりが効率的にできない可能性があると考えられます。

　このように、アスリートにとって朝食を欠食することは、パフォーマンスに直接影響が出るだけでなく、体づくりにも大きな影響を及ぼすのです。朝食をしっかりとることは、コンディションを整えることにつながり、パフォーマンスを向上させる可能性があります。毎日の朝食をしっかり食べるように心がけましょう。

アスリートにとって
朝食とは

朝食で体内時計をリセット

1 朝食で活動前の栄養摂取を

　朝食は前日の夕食後から続く1日の中で最も長い空腹後の食事です。そのため、このタイミングでの栄養摂取は1日の活動を行う上で重要です。朝食をとることで、活動をするための大切なエネルギーのほか、体が必要とする栄養素を摂取することができ、1日を元気にスタートすることができます。しかし、朝食を抜いてしまうと前日の夕食後からの空腹状態がさらに続き、私たちの体の中でのエネルギー代謝に影響を及ぼすことがわかっています。

　朝食をとると食後のエネルギー産生（食事誘発性熱産生）が起こり、1日のエネルギー消費量が高いレベルで維持できるのに対し、朝食を欠食し夜食をとる食事の夜型化は、1日あたりで同じ量のエネルギーを摂取しても、食事誘発性熱産生の低下により1日のエネルギー消費量を減少させることが明らかにされています[12]。

　このように朝食を欠食することは、1日の活動に必要なエネルギーや栄養素を摂取できないばかりか、肥満の原因にもなりうる悪影響を及ぼす可能性があるといえるでしょう。

2 朝食で体内時計のリセットを

　私たちの体には約1日を単位とした概日リズム（サーカディアンリズム）が備わっています。概日リズムが順調に刻まれ、調和がとれていることは健康な生活を送るために大切ですが、現代の生活は長時間労働や交代制勤務、就寝直前までのスマートフォンの画面操作といった夜型の生活になりやすい環境があふれています。

　この概日リズムでは、脳の視交叉上核の主時計や大脳皮質と海馬の脳時計、さらに全身の臓器や筋肉の末梢時計の調和がとれていることが大切です。ヒトの体の概日リズムは平均で24時間より若干長い24.18時間であることが知られています[13]。夜の光、特に短波長のブルーライトはこのリズムを後ろにシフトさせますが、早朝の光は前にシフトさせるため、24時間の地球の周期に合わせる役割を果たし、朝食は体内時計のリセットに強く影響することが知られています。

　ヒトを対象とした研究では、朝食、昼食、夕食を食べた場合に対し、朝食を欠食し夕食後に夜食をとった場合には、末梢時計のリズムが約1時間程度後退したことが報告されています[14]。このように、朝食は体内の概日リズムをリセットする上で重要な働きをしています。

3 若い年代こそ朝食を

　思春期から20歳前後の若者は、すべての年代の中で最も夜型クロノタイプ（時間指向性）を示すことが報告されています[15]。図7のように仕事や学校が休みであることが多い週末、つまり生活時間を自由にアレンジできる状況では、若年者は就寝や起床時間が遅い、つまり体内時計のリズムが後ろにシフトしやすいことを示しています。夜型になりやすいからこそ、朝食で体内時計をリセットし、調和を保つことが大切です。

図7 クロノタイプ
（週末の睡眠中央点　就寝からの中間時刻）[15]

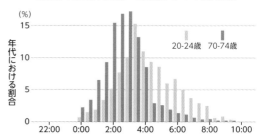

たんぱく質は毎食適量摂取が大事

1 朝食は少なくなりがち

前述(p.12)のように、最近の子どもたちや若年者(7〜19歳)では朝食欠食率が高いことが報告されています。また、朝食を主食や果物ですませる場合もみられ、十分な栄養摂取とはいえない状況です。小中学生を対象とした研究[16]において、毎日朝食を食べると回答した生徒のうち、ごはんかパンのみしか食べていないと回答した生徒は小学生が26.2％、中学生は23.5％でした。また、朝食を食べないと回答した子どもの理由には、「時間がない」や「食欲がない」があげられ、エネルギーや栄養素摂取が十分にされていない現状が報告されています。

2 たんぱく質摂取が夕食に偏ると

一般的な人々の食生活では、朝食で十分な栄養摂取ができていない代わりに、時間的に余裕がある夕食ではたんぱく質を多めに摂取する傾向があるようです。しかしながら、朝昼夕の各食事で適度に均等なたんぱく質摂取が行われた場合より、夕食に偏った摂取をした場合の方が、1日のたんぱく質合成が減少していたという研究結果が報告されています[17]。夕食にたんぱく質摂取が偏る場合はメインのおかずである主菜の量も増えやすく、結果的に夕食でのエネルギーのとりすぎにつながります。将来的に生活習慣病の発症リスクが高まるだけでなく、夕食の食事量が多いことで翌日の朝食時に食欲が出ない原因にもなりかねません。このように、たんぱく質は夕食に偏ることなく、朝昼夕の各食事を通して摂取する方がよいといえるでしょう。

3 毎食のたんぱく質目標摂取量

それでは、毎食どのくらいのたんぱく質を摂取したらよいのかについて、若年者を対象に検討した研究をみてみましょう。毎食、体重1kgあたり平均で0.24g、不足のリスクを避けるレベルでは0.30g程度が必要であると報告されています(図8)[18]。これは、体重70kgの人では毎食およそ20gのたんぱく質量に相当します。

しかしながら、この研究に用いられているたんぱく質は、非常に吸収率のよい良質なたんぱく質です。実際の食事においては、いろいろな食品からのたんぱく質を摂取することや個人差を考慮すると、毎食20gより多くのたんぱく質を含む食事をとることが勧められるでしょう。

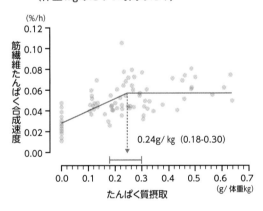

図8 筋繊維たんぱく合成速度
(体重1kgあたり1時間あたり)[18]

0.24g/kg (0.18-0.30)

卵

良質なたんぱく質を多く含むだけでなく、ビタミンAやビタミンB群のほか、
カルシウムや鉄などのミネラルも含まれている優れた食品です。

291 kcal　お弁当

372 kcal　包丁いらず

2色パプリカの目玉焼き

材料／1人分

パプリカ(赤・黄)	各50g
卵	2個
サラダ油	小さじ2
A［ 塩	ひとつまみ
あらびき黒こしょう	ひとふり

作り方

1 パプリカは、それぞれ真ん中の部分を2cm幅の輪切りにし、種とわたを除く。

2 フライパンにサラダ油を中火で熱して**1**を並べ、輪の中に卵を1個ずつ割り入れる。水大さじ2(分量外)を加え、ふたをして1～2分蒸し焼きにし、**A**をふる。

🔲 レンジで

耐熱容器に水大さじ1(分量外)、輪切りにしたパプリカ1切れを入れ、輪の中に卵1個を割り入れ、つまようじで卵黄に数か所穴をあける(穴をあけないと破裂します!)。ラップをかけて電子レンジで1～2分加熱する。残りも同様にする(レンジで作る場合は1個ずつ作る)。

注目の栄養素　たんぱく質 15.7g　鉄 2.5mg　ビタミンC 160mg

納豆とチーズの スクランブルエッグ

材料／1人分

卵	2個
A［ 牛乳	50mℓ
納豆	小1パック
おろしにんにく(チューブ)	0.5cm
塩	ひとつまみ
こしょう	ひとふり
バター(またはマーガリン)	大さじ½
ピザ用チーズ	15g

作り方

1 ボールに卵、**A**を入れ、溶きほぐしながら混ぜる。

2 フライパンを中火で熱し、バターを入れて溶かし、**1**を流し入れる。弱火にし、縁が少し固まってきたら菜箸で軽く混ぜ、ピザ用チーズを加えてさっと混ぜる。

注目の栄養素　たんぱく質 24.8g　カルシウム 239mg　ビタミンB₂ 0.82mg

シラスと青じその卵焼き

材料／1人分

卵	2個
シラス干し	大さじ2(10g)
青じそ	4枚
めんつゆ(3倍濃縮)	小さじ⅓
サラダ油	小さじ1

作り方

1 ボールに卵を溶きほぐし、青じそをちぎって入れ、シラス干し、めんつゆを加えて混ぜる。

2 フライパンにサラダ油を中火で熱し、**1**を流し入れ、縁が少し固まってきたら菜箸で混ぜる。 半熟状になったら、フライ返しで奥から手前に3〜4回巻いて棒状にする。 取り出して切る。

 レンジで

1のボールを耐熱容器に替えて同様にし、ラップをかけて電子レンジで1分30秒ほど加熱する（サラダ油は使用しない）。

注目の栄養素

たんぱく質 17.2g	鉄 2.3mg	ビタミンD 6.8μg

(206 kcal／5分以内／お弁当)

ほぐしサラダチキンとひじきの卵焼き

材料／1人分

卵	2個
A ┌ ほぐしサラダチキン(市販品)	40g
乾燥芽ひじき(水戻し不要のもの*)	小さじ2(2g)
└ めんつゆ(3倍濃縮)	小さじ⅓
サラダ油	小さじ1

作り方

1 ボールに卵、Aを入れ、溶きほぐしながら混ぜる。

2 フライパンにサラダ油を中火で熱し、**1**を流し入れ、縁が少し固まってきたら菜箸で混ぜる。 半熟状になったら、フライ返しで奥から手前に3〜4回巻いて棒状にする。 取り出して切る。

 レンジで

1のボールを耐熱容器に替えて同様にし、ラップをかけて電子レンジで1分30秒ほど加熱する（サラダ油は使用しない）。

＊ひじきは水戻し不要のものを使用することで調理時間を短縮できます。 水戻し不要のものがない場合は、水に10分ほど浸して戻し、水けをきって使ってください。

注目の栄養素

たんぱく質 24.4g	鉄 2.4mg	ビタミンA 191μg

(233 kcal／5分以内／お弁当)

347 kcal / 包丁いらず

もちとほうれん草のオムレツ

材料／1人分

卵	2個
A 塩	ひとつまみ
こしょう	ひとふり
冷凍ほうれん草	30g
切りもち(薄切りタイプ)*	2枚
とろけるスライスチーズ	1枚
バター(またはマーガリン)	小さじ1
トマトケチャップ(好みで)	適量

作り方

1 ボールに卵、Aを入れて溶きほぐしながら混ぜる。
2 フライパンを中火で熱し、バターを入れて溶かし、冷凍ほうれん草を加えて炒める。しんなりしてきたら、卵液を流し入れ、縁が少し固まってきたらもちとチーズを手前半分に重ねておき、奥の卵を手前に折りたたむ。

切りもち(薄切りタイプ)
＊もちは、鍋やしゃぶしゃぶ用の薄切りなら、すぐに火が通って便利です。

 注目の栄養素 | たんぱく質 20.6g | ビタミンA 360μg | ビタミンB₂ 0.65mg

216 kcal / お弁当

カニかま入り
スパニッシュオムレツ

材料／1人分

卵	1個
じゃが芋	⅓個
冷凍ミックスベジタブル	40g
カニ風味かまぼこ	2本
A 塩	ひとつまみ
こしょう	ひとふり
サラダ油	大さじ1

作り方

1 じゃが芋は皮をむき、1cm角に切る。耐熱容器にじゃが芋、冷凍ミックスベジタブルを入れ、ラップをかけて電子レンジで1分30秒ほど加熱する。
2 ボールにカニかまを裂きながら入れ、卵、1、Aも加えて、溶きほぐしながら混ぜる。
3 フライパンにサラダ油を中火で熱し、2を流し入れ、縁が固まったらひっくり返し、火が通るまで焼く。

 注目の栄養素 | たんぱく質 11.9g | 食物繊維 2.2g | ビタミンA 172μg

イワシ缶とにらの卵とじ

 222 kcal　包丁いらず

材料／1人分

卵……………………………………………1個
イワシのしょうが煮缶詰*………………1缶 (70g)
にら…………………………………………⅓束

作り方

1 ボールに卵を溶きほぐす。イワシは食べやすい大きさにほぐす。にらは洗ってキッチンバサミで3〜4cm長さに切る。
2 フライパンにイワシ缶を汁ごと入れ、煮立ったら卵液を回し入れ、にらを加えて、ふたをして卵が好みのかたさになるまで煮る。

＊イワシ缶以外に、味つけずみのサンマ缶、サバ缶などでも同様に作れます。

注目の栄養素 | たんぱく質 23.6g | 鉄 2.9g | ビタミンD 10.3μg

ほうれん草とベーコンのココット

 144 kcal　5分以内　電子レンジのみ　包丁いらず

材料／1人分

卵……………………………………………1個
冷凍ほうれん草……………………………60g
ベーコン……………………………………1枚
A ┌ 塩……………………………………ひとつまみ
　└ あらびき黒こしょう…………………ひとふり

作り方

1 耐熱容器に冷凍ほうれん草を広げて入れ、ベーコンをちぎって加える。中央をあけて卵を割り入れ、つまようじで黄身に数か所穴をあける（穴をあけないと破裂します!）。
2 ラップをかけて電子レンジで2分30秒ほど加熱し、Aをふる。

注目の栄養素 | たんぱく質 10.4g | カルシウム 91mg | ビタミンA 355μg

(140 kcal) (5分以内) (電子レンジのみ)

アスパラのホットサラダ

材料／1人分

グリーンアスパラガス	3本
温泉卵（市販品または下記参照）*	1個
粉チーズ	大さじ2
A しょうゆ	小さじ⅔
オリーブ油	小さじ½
あらびき黒こしょう	ふたふり

作り方

1 アスパラガスは下から2～3cmを切り落とし、ピーラーで下半分の皮をむき、4cm長さに切る。

2 耐熱容器に**1**と水少々（分量外）を入れ、ラップをかけて電子レンジで2分ほど加熱する。

3 器に水けをきった**2**を盛り、温泉卵をのせ、**A**と粉チーズをかける。

温泉卵の作り方

*耐熱容器に水100mℓを入れて卵1個を割り入れ、つまようじで卵黄に数か所穴をあける（穴をあけないと破裂します！）。ラップをかけて、1分30秒ほど電子レンジで加熱し、水けをきる。

 注目の栄養素　| たんぱく質 10.9g | カルシウム 161mg | ビタミンA 100μg |

(586 kcal) (電子レンジのみ) (お弁当)

厚焼き卵サンド

材料／1人分

卵	2個
A 水	50mℓ
砂糖	小さじ1
顆粒和風だし	小さじ⅓
塩	ひとつまみ
こしょう	ひとふり
食パン（6枚切り）	2枚
B マヨネーズ	大さじ1
練りがらし（チューブ）	1cm

作り方

1 耐熱容器に卵、**A**を入れ、溶きほぐしながら混ぜる。

2 ラップをかけて電子レンジで2分ほど加熱し、取り出して菜箸でよく混ぜる。再びラップをかけて電子レンジで1分ほど加熱し、あら熱を取る。

3 食パンの片面に混ぜ合わせた**B**を等分に塗り、**2**をはさみ、食べやすい大きさに切る。

 注目の栄養素　| たんぱく質 26.3g | 糖質 54.9g | 鉄 2.9mg |

納豆

たんぱく質が
とれる朝食レシピ

低脂質で食物繊維や鉄をとることができ、
おなかの調子を整える働きもあります。
加熱せずに食べられる納豆は朝食にぴったりです。

（123kcal）（5分以内）（加熱なし）

（174kcal）（5分以内）（電子レンジのみ）（包丁いらず）

五目納豆

材料／1人分

納豆……………………………………… 1パック
納豆付属のたれ・練りがらし（あれば）*……… 1パック分
きゅうり………………………………………… 2cm
刻みたくあん…………………………………… 10g
桜エビ（乾燥）……………………………… 小さじ1
いり白ごま…………………………………… 小さじ½

作り方

1 きゅうりは縦1/4に切り、さらに5mmに切る。
2 すべての材料を混ぜる。

*納豆付属のたれ、練りがらしがない場合は、しょうゆ少々と好みで
　練りがらし適量を加えてください。

 注目の栄養素 ┃ たんぱく質 9.6g ┃ 食物繊維 3.9g ┃ 鉄 1.9mg

大豆もやしの
のり風味納豆がけ

材料／1人分

納豆……………………………………… 1パック
大豆もやし……………………………… ½袋（100g）
A ┃ 納豆付属のたれ・練りがらし（あれば）*‥ 1パック分
　 ┃ のり佃煮……………………………… 大さじ1（20g）
青じそ……………………………………………… 1枚

作り方

1 耐熱容器に大豆もやしを入れ、ラップをかけて電
　子レンジで2〜3分加熱し、器に盛る。
2 納豆とAを混ぜて**1**にのせ、青じそをちぎって散ら
　す。

*納豆付属のたれ、練りがらしがない場合は、しょうゆ少々と好みで
　練りがらし適量を加えてください。

 注目の栄養素 ┃ たんぱく質 15.1g ┃ 食物繊維 6.5g ┃ 鉄 3.0mg

（217 kcal）（5分 以内）（加熱 なし）

イタリアン納豆

材料／1人分

納豆	1パック
ミニトマト	2個
プロセスチーズ	1個（15g）
オリーブ油	大さじ½
塩	ひとつまみ
あらびき黒こしょう	ひとふり
ドライパセリ	少々

作り方

1 ミニトマトとチーズは1cm角に切る。

2 すべての材料を混ぜ合わせる。

注目の栄養素 ｜ たんぱく質 12.1g ｜ 食物繊維 3.8g ｜ カルシウム 150mg

（139 kcal）（5分 以内）（加熱 なし）（包丁 いらず）

大根と梅の納豆サラダ

材料／1人分

納豆	1パック
大根サラダミックス（市販品）*	½袋（80g）
納豆付属のたれ・練りがらし（あれば）*	1パック分
梅干し	1個
かつお節（削り）	1袋
いり白ごま	小さじ½

作り方

1 納豆は付属のたれと練りがらしを混ぜる。

2 器にサラダミックスを盛り、1をのせる。梅干しの種を除いてちぎってのせ、かつお節とごまを散らす。

＊納豆付属のたれ、練りがらしがない場合は、しょうゆ少々と好みで練りがらし適量を加えてください。
＊好みでドレッシングをかけてください。

大根サラダミックス
＊大根以外の野菜も入っているものを選びましょう。

注目の栄養素 ｜ たんぱく質 11.1g ｜ 食物繊維 5.3g ｜ 鉄 2.6mg

納豆とオクラの
ねばねばあえ

190 kcal　5分以内　電子レンジのみ　包丁いらず

材料／1人分

納豆	1パック
冷凍刻みオクラ	20g
A めかぶ	1パック
刻み長芋（市販品）	20g
納豆付属のたれ・練りがらし（あれば）*	1パック分
温泉卵（市販品またはp.24参照）	1個
めんつゆ（3倍濃縮・好みで）	適量

作り方

1 耐熱容器に冷凍オクラを入れ、ラップをかけて電子レンジで1分ほど加熱して解凍する。

2 納豆とAと1を混ぜ合わせ、器に盛り、温泉卵をのせ、好みでめんつゆをかける。

*納豆付属のたれ、練りがらしがない場合は、しょうゆ少々と好みで練りがらし適量を加えてください。

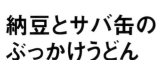 注目の栄養素 ▶ | たんぱく質 14.8g | 食物繊維 6.3g | ビタミンB₂ 0.50mg

納豆とサバ缶の
ぶっかけうどん

564 kcal　電子レンジのみ

材料／1人分

納豆	1パック
サバみそ煮缶	½缶（50g）
しょうが	少々
かいわれ大根	少々（2g）
冷凍うどん	1玉
A めんつゆ（3倍濃縮）	大さじ½弱
水	60㎖
温泉卵（市販品またはp.24参照）	1個

作り方

1 納豆とサバみそ煮缶を混ぜる。しょうがは皮をむいてせん切りにする。かいわれ大根は根元を切る。

2 冷凍うどんは袋の表示どおりに電子レンジで解凍する。器に盛り、混ぜ合わせたAをかけてほぐす。

3 2に1、温泉卵をのせる。

 注目の栄養素 ▶ | たんぱく質 30.0g | 糖質 60.9g | 鉄 4.2mg

ソーセージ

たんぱく質のほか、エネルギー代謝に必要なビタミンB$_1$やB$_2$も手軽にとることができます。
ソーセージは脂質が多いイメージですが、アスリートにとっては脂質も重要なエネルギー源です。

381 kcal ／ お弁当

250 kcal ／ お弁当

じゃが芋とソーセージの 粒マスタード炒め

材料／1人分

じゃが芋	1個
ウインナソーセージ	2本
玉ねぎ	小¼個
オリーブ油	大さじ1
A ┌ 粒マスタード	大さじ1⅓
├ 塩	ひとつまみ
└ こしょう	ひとふり

作り方

1 じゃが芋は皮をむいて1cm厚さのいちょう切りにする。耐熱容器に入れ、ラップをかけて電子レンジで2〜3分加熱する。ソーセージは3〜4等分の斜め切り、玉ねぎは5mm幅に切る。

2 フライパンにオリーブ油を中火で熱し、**1**を入れて炒め、じゃが芋に少し焼き色がついたら**A**を加えてさっと混ぜる。

注目の栄養素 ／ たんぱく質 8.3g ／ 鉄 1.4mg ／ ビタミンC 59mg

ソーセージとブロッコリーの ホットスパサラ

材料／1人分

ウインナソーセージ	2本
冷凍ブロッコリー	50g
スパゲティ	20g
A ┌ 塩	ひとつまみ
├ こしょう	ひとふり
└ イタリアンドレッシング(市販品)	適量

作り方

1 ソーセージは4等分の斜め切りにする。

2 スパゲティは長さを半分に折り、袋の表示時間どおりゆでる。ゆで上がる1分前に**1**と冷凍ブロッコリーを入れ、1分ほどゆでていっしょにザルに上げる。

3 器に**2**を盛り、**A**をかける。

注目の栄養素 ／ たんぱく質 8.6g ／ 食物繊維 2.7g ／ ビタミンC 63mg

ソーセージとじゃが芋と パプリカのチーズ焼き

材料／1人分

ウインナソーセージ	3本
じゃが芋	1個
パプリカ(赤)	⅕個
ピザ用チーズ	15g

作り方

1 じゃが芋は皮をむいていちょう切りにする。 耐熱容器に入れ、ラップをかけて電子レンジで2～3分加熱する。 取り出してじゃが芋が生っぽければ追加で30秒ずつ加熱する。

2 ソーセージは4等分の斜め切りにする。パプリカはへたと種を除いて小さめの乱切りにする。

3 耐熱容器に**1**、**2**を入れてピザ用チーズをのせ、オーブントースターで3分ほど焼く。

 注目の栄養素 | たんぱく質 11.2g | カルシウム103mg | ビタミンC 91mg |

魚肉ソーセージとキャベツの ごまマヨサラダ

材料／1人分

魚肉ソーセージ	1本
キャベツ	80g
A マヨネーズ	大さじ1
すり白ごま	小さじ1
めんつゆ(3倍濃縮)	小さじ½

作り方

1 魚肉ソーセージは7～8mm厚さの斜め切り、キャベツはざく切りにする。

2 耐熱容器に**1**を入れ、ラップをかけて電子レンジで2～3分加熱し、あら熱を取る。

3 **2**にAを加えて混ぜる。

 注目の栄養素 | たんぱく質 9.9g | カルシウム 109mg | ビタミンB₂ 0.46mg |

**たんぱく質が
とれる朝食レシピ**

豆腐

低エネルギー、低脂質でありながらたんぱく質、カルシウム、鉄もとることができます。
女性アスリートには特におすすめの食品です。

163 kcal	5分 以内	加熱 なし	包丁 いらず

138 kcal	5分 以内	加熱 なし

キムチ温玉のせ冷奴

材料／1人分

絹ごし豆腐	1パック(150g)
白菜キムチ	40g
温泉卵 (市販品またはp.24参照)	1個

作り方

器に豆腐を盛り、キムチと温泉卵をのせる。

注目の栄養素 | たんぱく質 13.4g | カルシウム 125mg | 鉄 2.2mg |

ほぐしサラダチキンの塩レモン冷奴

材料／1人分

絹ごし豆腐		½パック(75g)
A	ほぐしサラダチキン(市販品)	50g
	オリーブ油	小さじ1
	塩	ひとつまみ
	あらびき黒こしょう	少々
	レモン汁	数滴
カット青ねぎ		適量

作り方

1 豆腐を半分に切る。
2 ボールにAを入れて混ぜる。
3 器に豆腐を盛り、**2**、青ねぎをのせる。

注目の栄養素 | たんぱく質 15.4g |

豆腐とブロッコリーの
サラダ塩昆布のせ

134 kcal ／ 電子レンジのみ

材料／1人分

木綿豆腐	1パック(150g)
冷凍ブロッコリー	50g
サニーレタス	1～2枚
ミニトマト	1個
塩昆布	ふたつまみ(2g)

作り方

 耐熱容器に冷凍ブロッコリーを入れ、ラップをかけて電子レンジで1分ほど加熱して解凍する。サニーレタスは食べやすくちぎる。ミニトマトは半分に切る。

2 器にサニーレタスを敷き、豆腐をスプーンですくって盛り、ブロッコリーを盛り、塩昆布を散らし、ミニトマトを添える。

＊好みでドレッシングをかけてください。

注目の栄養素 ▶ たんぱく質 12.8g ｜ カルシウム 169mg ｜ ビタミンC 68mg

ツナとチーズの温豆腐

252 kcal ／ 5分以内 ／ 電子レンジのみ ／ 包丁いらず

材料／1人分

絹ごし豆腐	1パック(150g)
ツナ缶詰(油漬け)	½缶(35g)
とろけるスライスチーズ	1枚
カット青ねぎ	適量
しょうゆ	小さじ1

作り方

 耐熱容器に豆腐を入れ、汁けをきったツナ缶、スライスチーズをのせ、ラップをかけて電子レンジで2～3分加熱する。

2 1に青ねぎをのせてしょうゆをかける。

注目の栄養素 ▶ たんぱく質 18.5g ｜ カルシウム 204mg

厚揚げのピザ風

材料／1人分

厚揚げ	小1枚（100g）
ベーコン	1枚
A ┌ トマトケチャップ	大さじ1
└ ピザ用チーズ	15g
ドライパセリ（またはドライバジル・あれば）	少々

作り方

1 厚揚げは2cm幅、ベーコンは1cm幅に切る。
2 オーブントースターの天板にアルミ箔を敷いて厚揚げを並べ、ベーコン、**A**をのせ、オーブントースターで焼き色がつくまで5分ほど焼き、ドライパセリを散らす。

注目の栄養素 | たんぱく質 15.9g | カルシウム 366mg | 鉄 4.0mg

ミックスビーンズの 和風サラダ

材料／1人分

ミックスビーンズ（市販品）	1袋（50g）
玉ねぎ	1/10個
ミニトマト	1個
ハム	1枚
和風ドレッシング（市販品）	大さじ1
サニーレタス	小1枚
かつお節（削り）	1/2袋

作り方

1 玉ねぎはあらみじん切りにして水に10分ほどさらし、水けをきる。ミニトマトは4等分のくし形切りにする。ハムは1cm角に切る。
2 ボールにミックスビーンズ、**1**、ドレッシングを入れて混ぜる。
3 器にサニーレタスを食べやすくちぎって敷き、**2**、かつお節をのせる。

注目の栄養素 | たんぱく質 9.6g | 食物繊維 4.0g | 鉄 1.3mg

たんぱく質が とれる朝食レシピ

魚缶

サバやサンマなどの缶詰は骨ごと入っているため、
魚の栄養を丸ごととることができます。
加熱せずに食べられて長期保存も可能です。
ツナ缶の油が気になる人は水煮タイプで代用しましょう。

316 kcal

216 kcal ・ **5分以内** ・ **加熱なし**

カレーツナじゃが

材料／1人分

ツナ缶詰（油漬け）	1缶（70g）
じゃが芋	1個
にんじん	⅕本
玉ねぎ	小⅕個
A めんつゆ（3倍濃縮）	大さじ½
カレー粉	小さじ½
水	80mℓ
冷凍いんげん	2本

作り方

1 じゃが芋、にんじん、玉ねぎは皮をむいて小さめの乱切りにする。じゃが芋とにんじんは耐熱容器に入れ、ラップをかけて電子レンジで2〜3分加熱する。

2 鍋にツナ缶を汁ごと入れて中火で熱し、1を入れて軽く炒め、Aを加えてじゃが芋に火が通るまで10分ほど煮る。

3 冷凍いんげん（長ければ凍っているうちに折る）を加え、温まるまで煮る。

注目の栄養素 　たんぱく質 16.0g　｜　食物繊維 2.9g　｜　鉄 1.6mg

コーンツナマヨの トマトサラダ

材料／1人分

ツナ缶詰（油漬け）	½缶（35g）
コーン缶詰	20g
マヨネーズ	大さじ1
トマト	小1個
サニーレタス	2〜3枚

作り方

1 ツナ缶とコーン缶は汁けをきり、合わせてマヨネーズと混ぜる。

2 トマトはくし形切りにする。

3 器にサニーレタスを食べやすくちぎって敷き、2と1を盛る。

注目の栄養素 　たんぱく質 8.0g　｜　鉄 1.1mg　｜　ビタミンA 106µg

（218 kcal）（電子レンジのみ）（お弁当）

ツナと野菜のナムル2種

材料／1人分

＜ツナとなすのナムル＞

ツナ缶詰（油漬け）‥‥‥‥‥‥‥‥‥‥‥‥ ⅓缶（20g）
なす‥‥‥‥‥‥‥‥‥‥‥‥‥‥‥‥‥‥‥‥‥ ½本（50g）

A ┌ いり白ごま‥‥‥‥‥‥‥‥‥‥‥‥‥‥‥‥ 小さじ1
　├ ごま油‥‥‥‥‥‥‥‥‥‥‥‥‥‥‥‥‥ 小さじ½
　├ 顆粒中華風だし‥‥‥‥‥‥‥‥‥‥‥ ひとつまみ
　├ めんつゆ（3倍濃縮）‥‥‥‥‥‥‥‥‥‥‥ 少々
　└ おろしにんにく（チューブ）‥‥‥‥‥‥‥ 少々

＜ツナとチキンときゅうりのナムル＞

ツナ缶詰（油漬け）‥‥‥‥‥‥‥‥‥‥‥‥ ⅓缶（20g）
きゅうり‥‥‥‥‥‥‥‥‥‥‥‥‥‥‥‥‥‥‥‥ ½本

B ┌ ほぐしサラダチキン（市販品）‥‥‥‥‥ 20g
　├ いり白ごま‥‥‥‥‥‥‥‥‥‥‥‥‥‥‥ 小さじ1
　├ ごま油‥‥‥‥‥‥‥‥‥‥‥‥‥‥‥‥‥ 小さじ½
　├ 顆粒中華風だし‥‥‥‥‥‥‥‥‥‥‥ ひとつまみ
　├ めんつゆ（3倍濃縮）‥‥‥‥‥‥‥‥‥‥‥ 少々
　└ おろしにんにく（チューブ）‥‥‥‥‥‥‥ 少々

作り方

1 ツナとなすのナムルを作る。なすは縦半分に切ってから、斜め薄切りにする。耐熱容器になすを入れ、ラップをかけて電子レンジで2～3分加熱する。

2 ボールにAを混ぜ合わせ、**1**、汁けをきったツナ缶を加えてあえ、味がなじむまで5分ほどおく。

3 ツナとチキンときゅうりのナムルを作る。きゅうりは縦半分に切ってから、斜め薄切りにする。あとは**2**と同様にBを加えてあえる。

注目の栄養素 ┃ たんぱく質 14.0g ┃ 鉄 1.0mg

（224 kcal）（5分以内）（電子レンジのみ）（包丁いらず）（お弁当）

サバ缶と小松菜のみそ煮

材料／1人分

サバみそ煮缶詰‥‥‥‥‥‥‥‥‥‥‥‥ 1缶（100g）
小松菜‥‥‥‥‥‥‥‥‥‥‥‥‥‥‥‥‥‥‥‥‥ 1株

作り方

1 小松菜はキッチンバサミで3cm長さに切る。

2 耐熱容器に**1**、サバみそ煮缶を汁ごと入れ、ラップをかけて電子レンジで2～3分加熱する。

注目の栄養素 ┃ たんぱく質 17.1g ┃ カルシウム 295mg ┃ ビタミンD 5.0μg

ツナとパプリカの
オーブン焼き

材料／1人分

ツナ缶詰（油漬け）……………………小⅓缶（20g）
パプリカ（赤）…………………………………60g
のり佃煮………………………………大さじ1（20g）

作り方

1 パプリカはヘタと種を取り、大きめの乱切りにする。
2 オーブントースターの天板にアルミ箔を敷いて**1**を並べ、のり佃煮、汁けをきったツナを等分にのせる。オーブントースターで3分ほど焼く。

 たんぱく質 7.2g ｜ 鉄 1.1mg ｜ ビタミンC 102mg

サンマ缶ときゅうりの
酢の物

材料／1人分

サンマ蒲焼き缶詰………………………………1缶（70g）
きゅうり……………………………………大⅓本
酢…………………………………………小さじ1

作り方

1 きゅうりは薄い輪切りにし、塩少々（分量外）をふってもみ、水けを絞る。
2 ボールに**1**、サンマ缶、酢を加えてよく混ぜ、味がなじむまで5分ほどおく。

＊酢の分量は好みで加減してください。

 たんぱく質 13.6g ｜ カルシウム 207mg ｜ ビタミンD 9.1μg

朝食における糖質摂取の重要性

1 アスリートにとって糖質摂取は重要

運動中のエネルギー源には通常、糖質と脂質が使われます。しかしエネルギー摂取量そのものが不足している場合や主食の摂取制限などにより、食事からの糖質摂取が不足すると、体を構成する体たんぱく質の分解が進み[19]、エネルギー源として利用されてしまいます。アスリートは日常よりトレーニングでエネルギーを多く消費していることからも、糖質を適切に摂取して、エネルギー摂取量を確保することが重要です。

2 なぜ朝食で糖質補給が重要なのか?

私たちが朝食を食べる理由のひとつとして、生体内のリズムを整える働きなどがあげられます(p.18参照)。また朝食での糖質摂取は、睡眠時に消費された肝グリコーゲンをすみやかに回復することにつながります。さらにアスリートの場合、糖質を豊富に含む朝食を摂取して運動した時、朝食を摂取せずに運動した時と比較して、午後からのトレーニングでのパフォーマンスが向上することが報告されています[10]。

このように朝食で糖質を補給することは、競技力を向上させるためにも重要なことです。

3 エネルギー源としての糖質の役割は?

糖質のおもな役割には次の2つがあります。

❶肝グリコーゲンの補充

食事から摂取した糖質は、消化管で単糖類のグルコース(ブドウ糖)にまで分解され、肝グリコーゲンとして貯蔵されます。肝グリコーゲンは、グルコースとして血液中に放出され、血糖を一定に保ち、脳の唯一のエネルギー源となります。加えて活動筋のエネルギー源としても利用されます。肝グリコーゲンが減少すると、血糖は維持できずに低下し、脳はエネルギーが不足した状態となり、疲労を感じます(中枢性疲労)。

❷筋グリコーゲンへの貯蔵

一方、骨格筋内のグリコーゲン(筋グリコーゲン)は、血糖として活用するしくみをもち合わせていません。これは筋グリコーゲンが運動中の活動筋において、主要なエネルギー源として使われるためです。筋グリコーゲンは、たとえば"ややきつい"と感じるペースで約1時間のランニングをすると、半分程度まで減少し、筋疲労を自覚し始めます。そしてさらに2時間まで運動を続けると、筋グリコーゲンはほぼ枯渇するといわれています[20]。

また持久的なトレーニング時において、低糖質の食事を摂取した場合には、高糖質の食事を摂取した場合と比較して、運動の24時間後の筋グリコーゲン回復が低下することが報告されています[21]。またダッシュをくり返すような球技や陸上短距離のような瞬発的なトレーニングでは、糖質がエネルギーとして利用される割合は高まるため、筋グリコーゲンの消耗が激しくなります。

したがって、どのようなトレーニングの場合でも、毎日の食事からの適切な糖質補給をすることは、十分に筋グリコーゲンを回復させることができるので、質の高いトレーニングを継続する上で重要なのです。

4 1日の糖質必要量は? 1食あたりのごはんではどれくらい?

スポーツ栄養に関する合同声明[22]では、アスリートが1日に必要な糖質摂取量の目安について示されています(表1)[23]。

「糖質が○g必要」といわれても、食事でどれくらいとればよいかはわかりません。そこで実際の食事内容から考えてみましょう。糖質を食

事からじょうずに摂取するカギは「主食」といえます。そこでトレーニング時における1日の糖質必要量と、それを摂取するための1食あたりのごはん量（体重50kgと70kg）についてまとめました（表2）。

表1 アスリートの糖質摂取のためのガイドライン(抜粋)

1日のトレーニング	目標糖質摂取量
通常のトレーニング （中等度の運動：1時間程度）	5～7g/体重kg/日
激しいトレーニング （中～高強度の運動：1～3時間）	6～10g/体重kg/日
非常に激しいトレーニング：強化練習時 （中～高強度の運動4～5時間）	8～12g/体重kg/日

出典：文献23)より一部抜粋して作成

表2 トレーニング時(1～3時間:中等度～高強度の運動)における
糖質必要量およびごはん摂取量(糖質6～10g/日の場合)

	体重	
	50kg	70kg
1日の糖質必要量（g/日） ［1食あたりの糖質量（g/食）］	300～500 ［100～165］	420～700 ［140～230］
1食あたりのごはんの必要量（g/食）	200～340	280～470

　たとえば、体重50kgの選手の場合、1食あたりの糖質必要量は100～160g程度です。実際のごはん量だと、1食あたり200g以上となります。一般的な茶碗1杯のごはん量は150～160g程度ですので、この選手の場合は茶碗大盛り1杯程度、もしくはコンビニのおにぎり2～3個が必要です。体重70kgの選手では1食のごはん量は約300g以上となるため、茶碗2杯（どんぶりなら1杯程度）、もしくはコンビニのおにぎり3～4個が適正な量となります。

図9 ごはん量の目安

200g　　　　　300g

　1食の中で必要なごはん量を食べることがむずかしいときには、食事を分けて食べる「分食」がおすすめです。たとえば夕方のトレーニング後すぐに食事ができない場合、練習直後におにぎり1個を食べ、自宅での夕食時に残りの分のごはんを食べるというものです。このようにトレーニング後早めに糖質を補給することは、筋グリコーゲンの回復も速めることにもつながります。

　さらに朝練習がある選手は「朝練がある日の朝食」(p.76)を参考にしてください。

5 ごはんをしっかり 摂取するための工夫

　朝食は限られた時間の中で準備して食べるため、手軽なおかずをじょうずに活用するとよいでしょう。食欲がない場合は、香りや味つけを工夫し、食欲を高めましょう。

　たとえば、野菜ソテーの際、バターやしょうゆで香ばしい香りをつける、甘辛い味つけのそぼろなどもおすすめです。さらに、梅干しなどの酸味、明太子やキムチなどの辛味、昆布の佃煮やシラス干しなどの塩味は、ごはんがより進みますので、常備してじょうずに活用しましょう。p.38～45には、朝食に大切な糖質が補給できるような簡単レシピとごはんのお供が掲載されていますので、参考にしてください。

　主食のごはんから糖質を十分確保することは、アスリートにとって強くなるための近道です。日ごろのトレーニングを充実させ、競技パフォーマンスを最大限に高めるために、自身のごはん量（糖質摂取量）を見直してみましょう。

ごはん・めん

アスリートにとって最も重要なエネルギー源である糖質を確保するために欠かせません。
さまざまな食材と組み合わせた栄養バランスのよいどんぶり物・めん料理を紹介します。

620 kcal ・ 5分以内 ・ 電子レンジのみ ・ 包丁いらず

702 kcal ・ 電子レンジのみ ・ 包丁いらず

焼き鳥缶ときのこ
のっけごはん

材料／1人分

ごはん	300g
焼き鳥缶詰（照り焼き味）	1缶（75g）
ほぐししめじ	30g
韓国のり	2枚
カット青ねぎ	適量

作り方

1 耐熱容器に焼き鳥缶としめじを入れ、ラップをかけて電子レンジで2〜3分加熱する。

2 器にごはんを盛り、韓国のりをちぎって散らし、**1**、青ねぎをのせる。

注目の栄養素 ｜ たんぱく質 18.0g ｜ 糖質 115.2g ｜ 鉄 2.0mg

ソーセージとキャベツの
ケチャップ丼

材料／1人分

ごはん	300g
ウインナソーセージ	3本
キャベツ	100g
A［ トマトケチャップ	大さじ1/2
中濃ソース	小さじ2強

作り方

1 キャベツは食べやすくちぎる。

2 耐熱容器にソーセージと**1**を入れ、ラップをかけて電子レンジで2分ほど加熱する。

3 器にごはんを盛り、**2**をのせ、混ぜ合わせた**A**をかける。

注目の栄養素 ｜ 糖質 122.0g ｜ 食物繊維 3.0g ｜ ビタミンC 46mg

卵とツナの
カラフルそぼろ丼

752 kcal ／ 包丁いらず ／ お弁当

材料／1人分

ごはん	300g
卵	1個
A 塩	ひとつまみ
こしょう	ひとふり
冷凍ミックスベジタブル	50g
バター（またはマーガリン）	小さじ1
ツナ缶詰（油漬け）	½缶(35g)
しょうゆ	小さじ1

作り方

1 器にごはんを盛る。ボールに卵、Aを入れて溶きほぐす。

2 フライパンにバターを中火で溶かし、冷凍ミックスベジタブルを入れて温まるまで炒め、1のごはんの上に盛る。

3 2のフライパンを中火で熱し、溶き卵を流し入れ、菜箸でかき混ぜて炒り卵を作る。

4 2に3、汁けをきったツナ缶を盛り、しょうゆをかける。

注目の栄養素 ｜ たんぱく質 22.8g ｜ 糖質 115.6g ｜ ビタミンA 224μg

おろしポン酢のねぎ塩豚丼

717 kcal ／ 包丁いらず

材料／1人分

ごはん	300g
豚薄切り肉	80g
ごま油	小さじ1
A いり白ごま	小さじ½
塩、顆粒中華風だし	各ひとつまみ
せん切りキャベツ	20g
大根おろし	30g
カット青ねぎ	適量
ポン酢しょうゆ	小さじ2

作り方

1 フライパンにごま油を中火で熱し、豚肉を入れて炒め、肉の色が変わったらAを加えて炒め合わせる。

2 器にごはんを盛り、せん切りキャベツ、1、大根おろし、青ねぎをのせてポン酢しょうゆをかける。

注目の栄養素 ｜ たんぱく質 25.2g ｜ 糖質 113.6g ｜ ビタミンB₁ 0.81mg

674
kcal

野菜とハムの
中華風あんかけごはん

材料／1人分

ごはん	300g
ハム	3枚
ごま油	小さじ1
鍋用野菜ミックス*	1袋 (150g)
冷凍ほうれん草	10g

A
水	100㎖
めんつゆ (3倍濃縮)	大さじ1弱
顆粒中華風だし	小さじ²⁄₃
オイスターソース	小さじ¹⁄₃

B
水	小さじ2
かたくり粉	小さじ1

作り方

1 ハムは1㎝幅に切る。

2 フライパンにごま油を中火で熱し、**1**、野菜ミックスを入れて、野菜が少ししんなりするまで炒める。冷凍ほうれん草、**A**を加え、煮立ってから2分ほど煮て、混ぜ合わせた**B**を加えてとろみをつける。

3 器にごはんを盛り、**2**をのせる。

鍋用野菜ミックス

＊白菜、にんじん、ねぎ、きのこなどが入っているものを選びましょう。

注目の栄養素	糖質 122.2g	鉄 1.3mg	ビタミンA 122μg

796
kcal

親子丼

材料／1人分

ごはん	300g
鶏もも肉	50g
玉ねぎ	小¹⁄₃個
卵	2個

A
水	100㎖
めんつゆ (3倍濃縮)	大さじ1弱

作り方

1 鶏肉は一口大に切る。玉ねぎは5㎜幅に切る。卵は溶きほぐす。

2 鍋に**A**、鶏肉、玉ねぎを入れて中火にかけ、肉に火が通るまで2分ほど煮る。溶き卵を流し入れ、ふたをして卵が好みのかたさになるまで火を通す。

3 器にごはんを盛り、**2**をのせる。

注目の栄養素	たんぱく質 34.3g	糖質 118.4g	ビタミンB₂ 0.62mg

桜エビと小松菜のおにぎり

材料／1人分

ごはん …………… 100g
小松菜 …… 小1株 (30g)
A ┌ 桜エビ (乾燥)
  │   …… 小さじ2 (2g)
  │ めんつゆ (3倍濃縮)
  │   ………… 小さじ⅔
  └ いり白ごま・小さじ½

作り方

1 小松菜はキッチンバサミで5mm長さに切り、耐熱容器に入れ、ラップをかけて電子レンジで1分ほど加熱する。

2 ごはんに1、Aを混ぜ、ラップで包んでにぎる。

| 注目の栄養素 | 糖質 38.0g | カルシウム 107mg | 鉄 1.1mg |

梅おかかとシラスのおにぎり

材料／1人分

ごはん …………… 100g
シラス干し
   …… 大さじ½強 (3g)
かつお節 (削り) …… ½袋
梅干し ……………… 1個

作り方

1 ごはんにシラス干し、かつお節を混ぜる。

2 ラップに種を除いた梅干しをのせ、1をのせてラップで包んでにぎる。

| 注目の栄養素 | 脂質 0.4g | 糖質 37.8g |

サケフレークとごまのおにぎり

材料／1人分

ごはん …………… 100g
サケフレーク ……… 10g
いり白ごま …… 小さじ½

作り方

ごはんにサケフレークとごまを混ぜ、ラップで包んでにぎる。

| 注目の栄養素 | 糖質 36.9g | ビタミンD 2.3μg |

高菜とジャコのおにぎり

材料／1人分

ごはん …………… 100g
高菜漬け (刻み) …… 10g
チリメンジャコ
   ………… 大さじ½ (2g)

作り方

ごはんに高菜漬けとチリメンジャコを混ぜ、ラップで包んでにぎる。

| 注目の栄養素 | 脂質 0.4g | 糖質 37.0g |

374 kcal ／ 包丁いらず

豚肉と水菜のうどん

材料／1人分

冷凍うどん	1玉
水菜	40g
豚薄切り肉	50g
A 水	300mℓ
めんつゆ(3倍濃縮)*	大さじ2½

作り方

1 水菜はキッチンバサミで5cm長さに切る。

2 鍋に**A**、冷凍うどんを入れて中火にかけ、うどんが解凍されるまで煮る。豚肉、**1**を加え、アクが出たら除き、肉の色が変わるまで煮る。

＊市販のうどんつゆを利用してもよいでしょう。

注目の栄養素 ｜ たんぱく質 18.8g ｜ 糖質 54.4g ｜ ビタミンB₁ 0.54mg

385 kcal ／ 電子レンジのみ ／ 包丁いらず

半熟卵とほうれん草の ぶっかけうどん

材料／1人分

冷凍うどん	1玉
温泉卵(市販品またはp.24参照)	1個
冷凍ほうれん草	60g
A 熱湯	100mℓ
めんつゆ(3倍濃縮)	大さじ1

作り方

1 耐熱容器に冷凍ほうれん草を入れ、ラップをかけて電子レンジで1分ほど加熱して解凍する。冷凍うどんは、袋の表示どおりに電子レンジで解凍する。

2 器に**A**を入れて混ぜ、うどんを盛り、ほうれん草、温泉卵をのせる。

注目の栄養素 ｜ 糖質 56.3g ｜ 鉄 2.9mg ｜ ビタミンA 300μg

ツナマヨのせサラダうどん

525 kcal / 電子レンジのみ / 包丁いらず

材料／1人分

冷凍うどん	1玉
ツナ缶詰(油漬け)	½缶 (35g)
マヨネーズ	大さじ1
レタスサラダミックス(市販品)*	1袋(75g)
好みのドレッシング(市販品)	適量

作り方

1 冷凍うどんは、袋の表示どおりに電子レンジで解凍し、流水で冷やして水けをきる。

2 ツナ缶は汁けをきり、マヨネーズと混ぜる。

3 器に**1**、サラダミックス、**2**を盛り、ドレッシングをかける。

レタスサラダミックス
*パプリカなどの緑黄色野菜が入っているものを選びましょう。

注目の栄養素 | 糖質 55.9g | 食物繊維 4.8g | ビタミンC 48mg

みそ煮込みうどん

379 kcal

材料／1人分

冷凍うどん	1玉
かまぼこ	20g
長ねぎ	⅓本
生しいたけ	2枚
水	250mℓ
顆粒和風だし	小さじ⅔
焼き麩	5g
みそ	大さじ1½

作り方

1 かまぼこは5mm幅に切る。長ねぎは斜め薄切りにする。しいたけは軸を除く。

2 鍋に分量の水を沸かし、顆粒和風だし、しいたけ、冷凍うどんを入れ、うどんが解凍されるまで煮る。

3 かまぼこ、長ねぎ、焼き麩を加えてみそを溶かし入れ、さっと煮る。

注目の栄養素 | 糖質 64.9g | 食物繊維 5.2g | 鉄 2.3mg

ごはんのお供

毎日たくさんのごはんを食べるアスリートにおすすめのごはんのお供です。肉・魚・野菜類を使っているので、各種栄養素の補給にも役立ちます。ごはんだけでなくパンやめんに合わせてもよいでしょう。

128 kcal / 電子レンジのみ / お弁当

そぼろなす

材料（作りやすい分量）

1 なす小1本はへたを取って1cm角に切る。長ねぎ2cmはみじん切りにする。

2 耐熱容器に1、豚ひき肉40g、おろししょうが、おろしにんにく（各チューブ）各0.5cm、めんつゆ（3倍濃縮）小さじ2を入れて軽く混ぜ合わせ、ラップをかけて電子レンジで3分ほど加熱する。

牛肉のしぐれ煮

材料（作りやすい分量）

1 牛薄切り肉100gは大きければ食べやすい大きさに切る。しょうが10gは皮をむいてせん切りにする。

2 鍋に1、水100ml、めんつゆ（3倍濃縮）大さじ1を入れて中火にかけ、汁けがなくなるまで煮る。

189 kcal / お弁当

162 kcal / 電子レンジのみ / 包丁いらず / お弁当

サケフレークと小松菜の
からしマヨ

材料（作りやすい分量）

1 小松菜1株はキッチンバサミで1cm長さに切る。耐熱容器に入れ、ラップをかけて電子レンジで1分ほど加熱し、あら熱を取り、水けを絞る。

2 1、サケフレーク30g、マヨネーズ大さじ1、いり白ごま小さじ1、練りがらし（チューブ）1cmを混ぜ合わせる。

（259 kcal）（5分以内）（加熱なし）（包丁いらず）（お弁当）

ツナキムチ

材料（作りやすい分量）

1 ツナ缶詰（油漬け）1缶（70g）は汁けをきり、白菜キムチ60gと混ぜ合わせる。
2 器に**1**を盛り、いり白ごま小さじ½をふり、焼きのり適量をちぎってのせる。

ちくわ高菜明太子

材料（作りやすい分量）

1 ちくわ2本は輪切り、明太子20gは中身をかき出す。
2 **1**と高菜漬け（刻み）10gを混ぜ合わせる。

（77 kcal）（5分以内）（加熱なし）（お弁当）

（98 kcal）（電子レンジのみ）（包丁いらず）（お弁当）

ピーマンのバターしょうゆ

材料（作りやすい分量）

1 ピーマン2〜3個は親指でへたを中に押し込み、縦4〜6等分に手で裂き、種とわたを取り除く。
2 耐熱容器に**1**、バター（またはマーガリン）小さじ2、しょうゆ小さじ½を入れ、ラップをかけて電子レンジで3〜4分加熱する。
3 器に**2**を盛り、かつお節（削り）½袋をのせる。

朝食で不足しがちな栄養素

1 朝食でも野菜を食べよう

　厚生労働省が毎年行っている国民健康・栄養調査では、特に若年世代の朝食の欠食や野菜の摂取量の少なさが課題となっています[24]。大学生アスリートにおいても例外ではなく、朝食の欠食や納豆ごはんのみやパンと牛乳のように単品の朝食の場合が多くみられます。

　朝食での栄養バランスがよくなく、野菜の摂取が少ない場合、どんな栄養素が不足するのでしょうか。

　食事でアスリートに必要なエネルギーや栄養素をとるためには、「アスリートの食事の基本形」である「主食＋主菜＋副菜＋牛乳・乳製品＋果物」を整えることが推奨されています。そこで、男子大学生が1日に必要なエネルギー、栄養素の30％がとれる場合を例として、一般的な朝食メニュー例を3パターン用意し、1食あたりのエネルギー、栄養素の摂取状況を比較しました。

Ⅰ 果物のみ
エネルギー 77kcal、
たんぱく質 1.0g、カルシウム 5mg、
鉄 0.3mg、ビタミンA 5μg、
ビタミンC 14mg

バナナ

Ⅱ 主食＋主菜
エネルギー 608kcal、
たんぱく質 16.1g、カルシウム 55mg、
鉄 2.0g、ビタミンA 0μg、
ビタミンC 0mg

納豆ごはん

Ⅲ 主食＋主菜＋副菜＋牛乳・乳製品＋果物
エネルギー 929kcal、たんぱく質 33.9g、カルシウム 409mg、
鉄 4.7mg、ビタミンA 408μg、ビタミンC 84mg

ごはん
＋納豆
＋温泉卵
＋具だくさんみそ汁
＋牛乳
＋キウイ

※ごはん量は300g

　その結果、パターンⅢなら、1日に必要なエネルギーの30％を摂取でき、その他の栄養素に関しても必要な量を摂取できることがわかりました（図10）。一方、パターンⅠのバナナのみではすべての項目が不足しており、パターンⅡの簡単朝食に代表される納豆ごはんの場合でも必要なエネルギーと栄養素はとれないことがわかります。

図10 朝食のパターン別の栄養価の基準に対する割合（%）

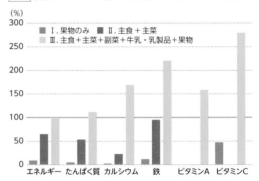

2 朝食に汁物をとり入れた事例

　2014〜2015年度（平成26〜27年度）に行われた文部科学省委託事業「スーパー食育スクール事業（以下SSS）」では、島根県の小学生に対して、早稲田大学の公認スポーツ栄養士が、小学校や自治体と連携して食育プログラムを実施しました[25]。その取り組みのひとつとして「具だくさん（70g以上）みそ汁」の摂取を呼びかけました。

　公認スポーツ栄養士による出張授業で朝食の重要性の説明を行い、「朝は一杯のみそ汁を飲もう！！」という目標と、具材の組み合わせ例を記載したリーフレットを配布しました。さらに、学校授業ではみそ作りの実習や、家庭でおにぎりとみそ汁を作る課題に取り組み、家庭科の授

業では実際に具材を各自で工夫したみそ汁の調理実習を行いました。

　その結果、朝食で「主食のみ」しか食べていない児童が減り、「主食＋主菜＋副菜」を組み合わせて食べている児童が増加し、体調や体力が向上しました。朝食に具だくさんみそ汁をとり入れることで、エネルギーと栄養素摂取状況が改善できることが明らかになりました。

3 不足しがちな栄養素を 補うためのポイント

ポイント❶ 緑黄色野菜をとり入れる

　緑黄色野菜はほうれん草、小松菜、トマトなどのビタミンAや、その他のビタミンやミネラルも多く含まれているため、積極的にとり入れることで栄養バランスがとてもよくなります。多くの種類の野菜を朝食で使用するのは調理の負担が大きくなるので、あらかじめゆでて保存しておいたにんじんやブロッコリーを添えるだけで彩りもよくなり、バランスのよい食事に近づきます。

ポイント❷ 果物と乳製品をプラスする

　果物はエネルギー、糖質、ビタミンCなどが補給できます。牛乳、ヨーグルト、チーズなどの乳製品はカルシウム、マグネシウム、カリウムなどのミネラルやたんぱく質も手軽にとることができます。カットした果物とヨーグルトを混ぜてフルーツヨーグルトにしてもよいでしょう。カルシウムは骨の材料で長期的に不足すると骨密度の低下や疲労骨折の原因になるので意識してとるようにしましょう。

ポイント❸ たんぱく源をしっかりととる

　たんぱく質を供給する食品をうまく活用しましょう。前述の朝食例では、たんぱく源として卵と納豆を使用しています。これら以外にも豆腐や大豆製品、ツナ缶詰や魚の缶詰、ちくわや

市販のサラダチキンなどの加工食品をうまく活用するとよいでしょう。これらは良質なたんぱく質源としての役割だけでなくビタミンやミネラルも同時にとることができます。

ポイント❹ 汁物をとり入れる

　前述のポイント①～③を毎朝用意することはむずかしい場合もあります。そのような場合は、具だくさんの汁物にすることで一度にさまざまな栄養素をとることができます。また、具材をたっぷりにすることで副菜の一品となり、水分補給にも役立ち、不足しがちな栄養素を補うことができるのです。

　たとえば、肉、卵、豆腐、ちくわなどの練り製品を入れることでたんぱく質、緑黄色野菜を入れればビタミンAやビタミンC、じゃが芋やさつま芋を入れることで糖質やビタミンCの補給にもつながります。

　p.48から具だくさん汁のレシピを紹介していますので参考にしてください。

1品でいろいろな栄養素がとれる

具だくさん汁

具がたっぷりの汁物は、調理も簡単で食欲がないときでも食べやすいもの。 肉・魚・豆腐・野菜類のほか、もちやマカロニなどの糖質源も入れることで一品でいろいろな栄養素をとることができます。

191 kcal ／ 包丁いらず

125 kcal ／ 電子レンジのみ ／ 包丁いらず

もち入り豚汁

材料／1人分

豚薄切り肉	30g
A 水	200㎖
顆粒和風だし	小さじ⅓
豚汁用野菜ミックス*	⅓袋 (110g)
切りもち(薄切りタイプ・p.22)	3枚
みそ	大さじ1
カット青ねぎ	適量

作り方

1 豚肉は大きければ食べやすくちぎる。
2 鍋にAを入れて中火にかけ、煮立ったら1、野菜ミックスを入れ、肉の色が変わり、野菜がやわらかくなるまで煮る。
3 みそを溶き、もちを加えてやわらかくなるまで煮る。
4 器に3を盛り、青ねぎを散らす。

豚汁用野菜ミックス
＊大根、ごぼう、里芋などの豚汁の具が入っています。けんちん汁にも使えます。

注目の栄養素	糖質 23.0g	食物繊維 3.4g	鉄 1.3mg

卵とえのきの即席みそ汁

材料／1人分

卵	1個
えのきたけ	⅕パック
豆苗	¼パック
A 熱湯	200㎖
即席わかめみそ汁の素	1人分

作り方

1 えのきと豆苗は根元をキッチンバサミで切り落とし、えのきはほぐし、豆苗は長さを半分に切る。
2 耐熱性の深めの器に1を入れて卵を割り入れ、卵黄につまようじで数か所穴をあける(穴をあけないと破裂します!)。ラップをかけて電子レンジで1分30秒ほど加熱する。
3 2にAを加え、みそを溶かす。

注目の栄養素	食物繊維 2.4g	鉄 2.0mg	ビタミンA 160μg

48

麩としいたけの
そうめん入りすまし汁

(211 kcal)

材料／1人分

小松菜	½株
生しいたけ	1枚
そうめん	1束 (50g)
A ┌ 熱湯	160㎖
└ めんつゆ (3倍濃縮)	大さじ1弱
焼き麩	2g

作り方

1 小松菜は4cm長さに切る。しいたけは軸を除いて5mm幅に切る。

2 鍋にたっぷりの湯（分量外）を沸かし、そうめん、1を入れて1分ほどゆでてざるに上げる。

3 器にAを入れ、2と麩をのせる。

注目の栄養素　脂質 0.7g ｜ 糖質 40.5g ｜ 鉄 1.3mg

豆腐となめこのすまし汁

(70 kcal)　(5分以内)　(電子レンジのみ)

材料／1人分

絹ごし豆腐	⅔パック (100g)
なめこ	⅓袋
冷凍刻みオクラ	20g
A ┌ 熱湯	150㎖
└ 即席吸い物の素	1人分

作り方

1 豆腐はサイコロ状に切る。なめこはさっと水で洗い、ざるに上げる。

2 深めの耐熱容器に1、冷凍オクラを入れ、ラップをかけて電子レンジで2分ほど加熱する。

3 2にAを加えて混ぜる。

注目の栄養素　食物繊維 2.3g ｜ 鉄 1.2mg

(233 kcal)

ごろっと野菜と
アサリのチャウダー

材料／1人分

じゃが芋	½個
玉ねぎ	小⅛個
にんじん	2cm
水	200㎖
マカロニ(乾)	10g
アサリ水煮缶詰	汁をきって20g
A [牛乳	100㎖
└ クリームシチューの素(市販品)	1人分
バター(またはマーガリン)	小さじ1

作り方

1 じゃが芋、玉ねぎ、にんじんは皮をむき、それぞれ乱切りにする。耐熱容器に入れ、ラップをかけて電子レンジで2分ほど加熱する。

2 鍋に分量の水を入れて火にかけ、煮立ったらマカロニを加え、袋の表示時間どおりにゆで、**1**、アサリを加えて煮る。

3 じゃが芋に火が通ったら、**A**を入れて溶かし、とろみがついたらバターを加えて火を止める。

注目の栄養素	糖質 29.7g	カルシウム 149㎎	鉄 6.4㎎

(116 kcal)

鶏団子と青梗菜の
（ちんげんさい）
春雨スープ

材料／1人分

青梗菜	1/2株
しめじ	20g
春雨(乾)	10g
A [水	200㎖
└ 即席中華風スープの素(白湯味など)	1人分
鶏つくね(市販品)	2〜3個

作り方

1 青梗菜は3cm長さに切り、根元は4等分に切る。しめじは石づきを除いてほぐす。

2 鍋に**A**を入れ中火にかけ、煮立ったら乾燥したままの春雨、**1**、鶏つくねを加え、火が通るまで煮る。

注目の栄養素	食物繊維 2.3g	鉄 1.0㎎	ビタミンA 96㎍

マカロニとグリーン野菜の
ミルクスープ

253 kcal

材料／1人分

マカロニ（乾）・・・・・・・・・・・・・・・・・・・・・・・・・・・・・・・・・・	10g
鶏もも肉・・・	60g
キャベツ・・・	30g
冷凍ほうれん草・・・・・・・・・・・・・・・・・・・・・・・・・・・・・・・	30g
バター（またはマーガリン）・・・・・・・・・・・・・・・	小さじ1
水・・	150㎖
冷凍ブロッコリー・・・・・・・・・・・・・・・・・・・・・・・・・・・・	40g
A ┌ 牛乳・・・・・・・・・・・・・・・・・・・・・・・・・・・・・・・・・・・・・	100㎖
顆粒コンソメ・・・・・・・・・・・・・・・・・・・・・・・・・	小さじ⅔
塩・・・・・・・・・・・・・・・・・・・・・・・・・・・・・・・・・・・・・・・	ひとつまみ
└ こしょう・・・・・・・・・・・・・・・・・・・・・・・・・・・・・・・	ふたふり

作り方

1 耐熱容器に水100㎖（分量外）とマカロニを入れ、ラップをかけて電子レンジで袋の表示時間どおりに加熱し、ざるに上げる。

2 鶏肉は一口大に切る。キャベツは食べやすくちぎる。

3 鍋にバターを中火で溶かし、**2**を入れて炒め、肉の色が変わったら分量の水を加えて10分ほど煮る。肉に火が通ったら、**1**、冷凍ブロッコリーとほうれん草、**A**を加えて温まるまで煮る。

 注目の栄養素 | たんぱく質 20.2g | カルシウム 158mg | ビタミンC 74mg

わかめと魚介の
豆乳中華風スープ

165 kcal　電子レンジのみ

材料／1人分

トマト・・	小⅓個
冷凍シーフードミックス・・・・・・・・・・・・・・・・・・・・	30g
A ┌ 豆乳（調製）・・・・・・・・・・・・・・・・・・・・・・・・・・・	200㎖
└ 即席わかめスープの素・・・・・・・・・・・・・・・	1人分

作り方

1 トマトは乱切りにする。耐熱容器に冷凍シーフードミックスを入れ、ラップをかけて電子レンジで2分加熱して解凍する。

2 深い耐熱容器にトマト、**A**を入れ、ラップをかけて電子レンジで3分ほど加熱する。取り出してシーフードミックスを加えてよく混ぜる。

 注目の栄養素 | カルシウム 108mg | 鉄 3.2mg

アスリート食は特別か?

1 アスリートの食事の基本形

アスリートには特別な食事が必要なのでは? と思っていませんか。

IOC (国際オリンピック委員会)では、「アスリートは、年間を通して一般的に利用される食品から、十分なエネルギーを満たすことができる」としています[22]。特別な食品、料理は必要ない、ということです。

では、どんな食事がよいのでしょうか?

アスリートの食事の基本形の例

1回の食事に、「主食+主菜+副菜+牛乳・乳製品+果物」 がそろったいわゆる「アスリートの食事の基本形」 にすると、アスリートに必要な量、質を確保しやすくなります[26]。それぞれの料理には大事な役割があります。

❶ 主食:ごはん、パン、めん類
体や脳を動かすエネルギー源
おもな栄養素 糖質
❷ 主菜:肉、魚、卵、大豆製品
筋肉、骨、血液など体をつくる
おもな栄養素 たんぱく質、ミネラル、脂質
❸ 副菜(汁物):野菜、芋、きのこ、海藻
体の調子をととのえる
おもな栄養素 ビタミン、ミネラル
❹ 牛乳・乳製品:牛乳、ヨーグルト
①②③で不足する栄養素を補う
おもな栄養素 たんぱく質、ミネラル

❺ 果物:果物全般
①②③で不足する栄養素を補う
おもな栄養素 糖質、ビタミン、ミネラル

これら5つをそろえることが、アスリート食の基本になります。

2 いつもの食事にひと工夫でアスリート食に

アスリート食は特別な食事ではありませんが、一般のかたより多くのエネルギー、栄養素量を必要とします。「アスリートの食事の基本形」をベースに、アスリートの体格を考慮し、各料理の量、内容を工夫するとよりよいメニューになります。

具体例
❶ ごはんには「ごはんのお供」を加える
いつもよりごはん(白飯)をたくさん食べることができ、アスリートに必要な量を確保しやすくなります。それだけでなく、たとえば、ごはんにチリメンジャコ、ごま、桜エビなどを加えることにより、カルシウムをはじめとするミネラルが摂取できるという利点もあります。紹介しているごはんのお供6種類(p.44)は、ごはんが進むだけでなく、たんぱく質、ビタミン、ミネラルを増やすことができます。
❷ 肉や魚の切り身を大きくする、または
1枚を2枚にする
切り身の大きさを100g→120gへ変えたり、豚肉しょうが焼きの枚数を増やしたりすると、手間をかけずにたんぱく質量を増やすことができます。
❸ いつものみそ汁、スープを具だくさんにする
たとえば、豆腐とわかめのみそ汁に、キャベツ、ほうれん草、にんじんを加えると不足しがちな野菜を摂取することができます。いつもより多くのビタミン、ミネラル、食物繊維をとることが可能です。みそ汁、スープはつねに具だくさんにするとよいでしょう。
❹ 果物、乳製品を毎食とる
アスリート食の基本です。一般のかたは、1日1回どこかで果物、乳製品をとればよいのですが、アスリートは毎食とってほしいのです。これを実行す

るだけで、かなりのエネルギー、たんぱく質、ビタミン、ミネラルを確保できます。アーモンドミルクのバナナスムージー（p.79）のような簡単に作れるドリンクは、果物、乳製品を手軽にとることができるので、忙しい朝におすすめです。

このように、いつもの食事を少し工夫するだけで、アスリートに必要な質、量をそろえることができるのです。

3 夕食の残り物が 朝ごはんに変身

「朝は時間もなく1分でも長く寝ていたい！　朝から食事づくりに時間をかけられない！」というかたも多いことでしょう。

そんなかたにおすすめなのが、夕食のおかずを朝食に活用する方法です。多めに作って朝食も同じ料理を食べる、という方法でもよいのですが、それでは飽きてしまいます。手間をかけずに、飽きずにアスリート食をとることができるメニューをご紹介します。

❶【夕食】ポトフ（p.59参照）

肉、野菜をいっしょに食べることのできるポトフは、主菜、副菜を1品でとることができ、ぜひ活用していただきたいレシピです。さまざまなアレンジを加えることで、飽きずに食べることができます。

鍋に水とコンソメ、材料を切って入れ、煮るだけの簡単レシピです。鶏肉の代わりにウインナソーセージなどを入れてもよいでしょう。

アレンジ例
➡クリームシチューは牛乳の代わりに豆乳で煮ると豆乳シチューになります。牛乳が苦手なかたはお試しください。
➡トマトジュースを入れてミネストローネスープに。
➡アスパラガス、ミニトマト、さつま芋、かぼちゃなど家にある材料を加えてさらに具だくさんにしてもよいでしょう。
➡冷凍ギョウザを入れると洋風水ギョウザに。
➡ごはん、チーズを入れるとリゾットに。ホワイトシチュー、カレー、ミネストローネにごはんを入れ、チーズを入れるとリゾットに変身。忙しい朝に、主食、主菜、副菜を兼ねた1品に仕上げることもできます。工夫しだいで、ひとつの料理をさまざまにアレンジしてみましょう。

❷【夕食】ミートソーススパゲティ（p.56参照）

皆に好まれる定番メニューです。ミートソースは多めに作って、冷凍保存も可能です。パスタだけでなく、パン、ごはんとの相性もよいので、自分の好きな主食と組み合わせてください。野菜と合わせると、野菜が苦手な人も食べやすくなります。

アレンジ例
➡スパゲティではなく、ごはんにかけてもおいしい！
➡ごはんに、ミートソース、チーズをかけて焼くとドリアに変身。
➡冷凍アスパラガス、ブロッコリー、トマトなど買い置きしてある野菜にミートソースとチーズをのせて焼くと野菜グラタンに。野菜がおいしく食べられます。
➡ホットドッグ用パンに、ミートソース、ソーセージをはさみ、ミートホットドッグに。

❸【夕食】ひじき煮（p.58参照）

ふだん不足しがちな海藻を補うことができるひじき煮。常備菜として用意しておくとアレンジがしやすい料理です。豆腐を加えるとひじきの白あえに。いつものひじき煮に木綿豆腐と冷凍枝豆を入れると、植物性たんぱく質を補うことができます。

アレンジ例
➡ごはんと混ぜると簡単混ぜごはんに変身。混ぜごはんにすることで、食欲のない朝でもたくさんごはんを食べることができます。おにぎりにしても食べやすいです。
➡ひじきの卵とじにすると、立派な主菜になります。フライパンにひじき煮を入れ、卵でとじるとひじきの卵とじのでき上がりです。卵を加えることでたんぱく質を確保することができます。そのほか、卵焼き、スクランブルエッグ、オムレツなどの具にして目先を変えるだけで、飽きずに食べることができます。

❹【夕食】鶏肉と野菜の鍋（p.61参照）

鶏肉、野菜を市販の鍋の素で煮る簡単鍋ものは一人暮らしの強い味方です。寒い日のお鍋は体も温まり、たくさんの食材をとることができる優秀な1品です。味に変化をつけ、主食（ごはん、うどん、もちなど）を加えることにより、飽きずに食べることができます。次のような鍋のアレンジも覚えておくと便利です。

アレンジ例
➡ごはん、卵を加えて卵雑炊に。
➡カレー粉を入れてカレー雑炊に。
➡キムチ、チーズを加えてキムチチーズ雑炊に。
➡アレンジレシピもごはんの代わりにうどんやもちを加えてもおいしいです。

**手間を省いて
しっかり栄養素がとれる**

夕食からのアレンジ

夕食に多めに作った料理を、朝食にも使い回せるようにアレンジしたレシピを紹介します。
作りやすい分量を示していますので、必要に合わせて分量を調節しましょう。

肉じゃが

材料／作りやすい分量

豚薄切り肉	150g
じゃが芋	1個
玉ねぎ	小½個
にんじん	½本弱
しらたき	75g
冷凍いんげん	2本
サラダ油	小さじ1
A 水	300㎖
めんつゆ(3倍濃縮)	大さじ2弱

作り方

1 じゃが芋、玉ねぎ、にんじんは皮をむいて乱切りにする。しらたきは水けをきり、食べやすい長さに切る。冷凍いんげんは、長ければ凍ったまま折る。

2 鍋にサラダ油を中火で熱し、豚肉、じゃが芋、玉ねぎ、にんじんを炒め、肉の色が変わったら、A、しらたきを加えて煮る。

3 肉に火が通り、野菜がやわらかくなったら冷凍いんげんを加え、温まるまで煮る。

↓ arrange!

＋ トマト　卵

トマト入り肉じゃがのオープンオムレツ

（451 kcal）

材料／1人分

肉じゃが	⅓量
トマト	小1個
A 卵	2個
塩、こしょう	各少々
サラダ油	大さじ1
トマトケチャップ	適量

作り方

1 トマトは乱切りにする。耐熱容器にトマト、肉じゃがを入れ、ラップをかけて、電子レンジで2分加熱して温める。

2 ボールにAを入れて溶きほぐす。

3 フライパンにサラダ油を中火で熱し、2を流し入れて半熟状に火を通す。1をのせ、卵が好みのかたさになるまで焼く。

注目の栄養素	たんぱく質 18.7g	食物繊維 3.5g	ビタミンB₁ 0.48mg

豚肉のしょうが焼き

材料／作りやすい分量

豚薄切り肉………………………… 300g
酒………………………………… 大さじ1
玉ねぎ…………………………… 小1/2個
サラダ油………………………… 大さじ1
A ┌ おろししょうが（チューブ）……… 5㎝
　├ しょうゆ…………………… 大さじ2
　└ みりん…………………… 大さじ1

作り方

1 豚肉は酒をふって軽くもむ。玉ねぎは1㎝幅に切る。

2 フライパンにサラダ油を中火で熱し、1を入れて炒め、肉の色が変わったら、Aを加えて炒め合わせる。

豚肉のしょうが焼きプレート
（1人分）

器に豚肉のしょうが焼き⅔量を盛り、せん切りキャベツ60g、ミニトマト2個を盛る。

arrange!

+ ┃ ごはん ┃ ┃ レタスミックス ┃

豚肉とレタスのサラダライス

977 kcal ／ 5分以内 ／ 電子レンジのみ

材料／1人分

豚肉のしょうが焼き……… ⅓量
ごはん………………………… 300g
レタスサラダミックス（市販品）
………………………… ½袋（35g）
ミニトマト………………………… 2個
マヨネーズ…………………… 適量

作り方

1 豚肉のしょうが焼きは耐熱容器に入れ、ラップをかけて電子レンジで2分ほど加熱して温める。

2 器にごはんを盛り、レタスミックス（夕食のせん切りキャベツが残っていればそれものせる）、半分に切ったミニトマト、1をのせ、マヨネーズをかける。

注目の栄養素 ┃ たんぱく質 28.9g ┃ ┃ 糖質 119.2g ┃ ┃ ビタミンB₁ 0.80mg ┃

ミートソース

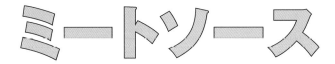

材料／作りやすい分量

牛豚ひき肉	100g
玉ねぎ	小1/3個
にんじん	⅓本
オリーブ油	小さじ1
塩	ふたつまみ

A
トマト缶（ダイス状）	⅓缶 (100g)
トマトケチャップ	大さじ2弱
赤ワイン（または酒）	大さじ1
顆粒コンソメ	小さじ⅔
こしょう	ふたふり

作り方

1 玉ねぎ、にんじんは皮をむいて、それぞれみじん切りにする。

2 フライパンにオリーブ油を中火で熱し、1を入れてしんなりするまで炒める。ひき肉、塩を加え、肉の色が変わるまで炒める。

3 Aを加えて5分ほど煮て、味をみて塩、こしょう各適量（分量外）で味をととのえる。

ミートソーススパゲティ
（1人分）

たっぷりの湯を沸かして塩少々を加え、スパゲティ100gを入れて袋の表示時間どおりゆで、ざるに上げる。器にスパゲティを盛り、ミートソース⅕量をかけ、好みで粉チーズをふる。

 arrange!

╋　食パン　　ピザ用チーズ

ミートチーズトースト

296 kcal ／ 5分以内 ／ オーブントースターのみ ／ 包丁いらず

材料／1人分

ミートソース	⅕量
食パン（6枚切り）	1枚
ピザ用チーズ	15g

作り方

食パンにミートソースを広げてピザ用チーズをのせ、オーブントースターで5分ほど焼く。

注目の栄養素	糖質 30.3g	カルシウム 116mg	ビタミンA 97μg

チキンソテーと野菜グリル

材料／作りやすい分量

鶏もも肉 ………… 大1枚 (300g)

A ┌ しょうゆ、酒 …… 各大さじ1
　└ かたくり粉 ………… 小さじ1

じゃが芋 …………………… 1個

にんじん ………………… ⅓本

サラダ油 ………… 大さじ½

冷凍ブロッコリー ………… 45g

塩、こしょう ………… 各適量

作り方

1 鶏肉は半分に切り、Aをもみ込む。じゃが芋、にんじんは皮をむき、じゃが芋は乱切り、にんじんは縦4〜6等分に切る。

2 耐熱容器にじゃが芋、にんじんを入れ、ラップをかけて電子レンジで2〜3分加熱する。

3 フライパンにサラダ油を中火で熱し、鶏肉を皮目を下にして入れ、あいた所にじゃが芋、にんじ
ん、冷凍ブロッコリーを入れて焼く。鶏肉は3分ほど焼き、こんがり焼き色がついたら裏返し、酒大さじ1（分量外）を加えてふたをして3分ほど蒸し焼きにして火を通す。野菜は時々転がし、焼き色がついたら塩、こしょうをふって取り出す。

4 鶏肉はあら熱を取り、食べやすい大きさに切る。

**チキンソテーと
野菜のグリル添え**
（1人分）

器にチキンソテーと野菜のグリル⅔量を盛る。

↓ arrange!（アレンジ）

＋ │ みそ │ │ バター │

みそバターチキン

318 kcal ／ 5分以内 ／ 電子レンジのみ

材料／1人分

チキンソテーと野菜グリル
………………………………… ⅓量

A ┌ みそ、バター（またはマーガリン）、
　└ 酒 ………………… 各小さじ1

作り方

耐熱容器にチキンソテーと野菜グリルを一口大に切り、Aを入れ、ラップをかけて電子レンジで2分ほど加熱して温める。

注目の栄養素 │ たんぱく質 19.3g │ │ 鉄 1.3mg │ │ ビタミンA 174μg │

ひじき煮

材料／作りやすい分量

乾燥芽ひじき（水戻し不要なもの*）
……………………………… 大さじ3（15g）
にんじん ………………………………… ⅕本
油揚げ …………………………………… 1枚
サラダ油 ……………………………… 大さじ½
A ┌ 水 ……………………………… 150mℓ
　└ めんつゆ（3倍濃縮）……… 小さじ2強

作り方

1 にんじんは皮をむいてせん切りにする。油揚げは縦半分に切ってから、5mm幅に切る。
2 鍋にサラダ油を中火で熱し、**1**、ひじきを入れて炒め、**A**を加えて汁けがなくなるまで煮る。

*ひじきは水戻し不要のものを使用することで調理時間を短縮できます。水戻し不要のものがない場合は、水に10分ほど浸して戻し、水けをきって使ってください。

↓ arrange!

+ 豆腐 ┃ 枝豆

（157 kcal）（5分以内）（電子レンジのみ）（包丁いらず）

ひじきの白あえ

材料／1人分

ひじき煮 ………………………… ⅓量
木綿豆腐 ……… ½パック（75g）
冷凍むき枝豆 ………………… 20g
A ┌ めんつゆ（3倍濃縮）、
　└ 白すりごま ……… 各小さじ1

作り方

1 耐熱容器に豆腐と冷凍むき枝豆を入れる。ラップをかけて電子レンジで2分ほど加熱する。取り出して水けをきる。
2 ボールにひじき煮、**1**を入れ、フォークで豆腐をくずしながら混ぜ、ざっと混ざったら**A**を加えて混ぜる。

注目の栄養素 ┃ 食物繊維 4.8g ┃ カルシウム 151mg ┃ 鉄 4.5mg

ポトフ

材料／作りやすい分量

鶏もも肉	½枚（150g）
じゃが芋	2½個
玉ねぎ	½個
にんじん	⅓本
A 水	500㎖
顆粒コンソメ	小さじ1
冷凍ブロッコリー	90g
B 塩	ひとつまみ
こしょう	ふたふり

作り方

1 鶏肉は一口大に切る。じゃが芋、玉ねぎ、にんじんは皮をむき、それぞれ乱切りにする。

2 鍋にA、1を入れ、沸騰してから中火で10分ほど煮る。材料に火が通ったら、冷凍ブロッコリー、Bを加えてブロッコリーが温まるまで煮る。

↓ arrange!

293 kcal　包丁いらず

+ **クリームシチューの素**　**牛乳**

シチュー

材料／1人分

ポトフ	⅓量（汁は少なめにする）
牛乳	100㎖
クリームシチューの素（市販品）	1人分

作り方

鍋にポトフを入れて中火にかけ、煮立ったら牛乳、シチューの素を加えてとろみがつくまで煮る。

注目の栄養素 ▶ カルシウム 140㎎ ｜ ビタミンA 216μg ｜ ビタミンC 70㎎

777 kcal　包丁いらず

+ **カレールウ**　**ごはん**

カレーライス

材料／1人分

ポトフ	⅓量（汁は少なめにする）
水	100㎖
カレールウ（市販品）	1人分
ごはん	300g

作り方

1 鍋にポトフ、分量の水を入れて中火にかけ、煮立ったらカレールウを加えてとろみがつくまで煮る。

2 器にごはんを盛り、1をかける。

注目の栄養素 ▶ たんぱく質 19.9g ｜ 食物繊維 4.8g ｜ ビタミンC 69㎎

豚バラ白菜の寄せ鍋

材料／作りやすい分量

豚バラ薄切り肉························150g
水··································500㎖
寄せ鍋の素（市販品）···············2人分
鍋用野菜ミックス···············1袋（250g）

作り方

1 豚肉は長ければ食べやすい大きさに切る。

2 鍋に分量の水、寄せ鍋の素を入れて中火にかけ、煮立ったら**1**、野菜ミックスを加え、肉と野菜に火が通るまで煮る。

 arrange!

＋ | 卵 | 青梗菜 |

卵と青梗菜のかきたま汁

（269 kcal） （包丁 いらず）

材料／1人分

豚バラ白菜の寄せ鍋
·································⅕量
卵····························1個
青梗菜·························½株

作り方

1 卵は溶きほぐす。

2 鍋に寄せ鍋を入れて中火にかけ、煮立ったら青梗菜を3〜4cm長さにちぎって加える。再び煮立ったら**1**を流し入れ、卵が好みのかたさになるまで煮る。

注目の栄養素 | カルシウム 105mg | 鉄 2.1mg | ビタミンA 166μg |

鶏肉と野菜の鍋

材料／作りやすい分量

鶏もも肉························ 小1枚 (150g)
木綿豆腐···················· ²⁄₃パック(100g)
えのきだけ······························· ⅕袋
A ┌ 水 ····························· 500mℓ
　└ 鶏だし塩鍋の素 (市販品) ····· 2人分
鍋用野菜ミックス············· 1袋 (250g)

作り方

1 鶏肉は一口大に切る。豆腐は食べやすい大きさに切る。えのきは根元を切り落とす。
2 鍋にAを入れて中火にかけ、煮立ったら1、野菜ミックスを入れ、肉に火が通るまで煮る。

↓ arrange!

┃ 卵 ┃ 小松菜 ┃ ごはん ┃

620kcal 包丁いらず

卵雑炊

材料／1人分

鶏肉と野菜の鍋··········· ⅓量
卵······························· 1個
小松菜························· 1株
めんつゆ(3倍濃縮) ···· 小さじ1
水···························· 200ml
ごはん····················· 250g
いり白ごま··················· 少々

作り方

1 卵は溶きほぐす。
2 鍋に鶏肉と野菜の鍋とめんつゆと水を入れて中火にかけ、煮立ったらごはん、小松菜を3～4cm長さにちぎって加え、再び煮立ったら溶き卵を流し入れる。卵が好みのかたさになるまで煮る。器に盛り、ごまを散らす。

注目の栄養素 | たんぱく質 22.2g | カルシウム 153mg | 鉄 3.0mg

朝食の量を増やして増量に成功!
～早稲田大学スポーツ医・科学クリニックのサポート事例①～

　早稲田大学水泳部のA選手は、大学入学直前の春休みに胃腸炎で体調を崩し、ベスト体重から4kgも減らして入学しました。大学の水泳部寮に入り、朝食と夕食は寮で食べ、昼食は自炊をしています。水泳部のトレーニングは高校の練習よりとてもハードで体重がなかなか戻らないため、増量を目的に公認スポーツ栄養士の栄養相談を受けました。

　最初は食事の量やタイミングを見直すことから始め、自炊メニューのレパートリーも増やしていきました。2kg程度は比較的早い段階で戻りましたが、あと2kgはなかなか戻りません。

　3日間の食事調査を行うと、計算上の消費エネルギー量と食事からの摂取エネルギー量はちょうど同じくらいで、体重を保つ程度のエネルギー量でした。そこでA選手は朝食のごはんを100g増やし、補食にシリアルと牛乳をとり入れることで、1日300kcal程度増やしたのです（図11）。するとA選手の体重は目標の体重まで増えました。

　朝練前の朝食の量を増やすのはたいへんでしたが、その後もA選手は定期的に栄養相談を受け、自炊メニューのレパートリーも増やし、体重はその後も順調に増え、水泳のタイムもぐんぐん伸びてきました。最初は「自分には自炊は無理……」とA選手の料理をする姿を遠巻きに見ていたチームメイトもいっしょに自炊をしたり、メニューを教わったりするようになっていきました。

　その後、A選手は自分が得意とする種目で、全国の大学生の中で、1日に2度も自己ベストを更新して3位に入賞しました。

　競技のトレーニングだけでなく、自分の「食」をみつめ、専門家のアドバイスを食生活にとり入れ、継続させることで、周囲の期待を上回る結果を出すことができました。

図11 1日300kcalアップの工夫

ごはん　大盛り1杯

朝食のごはんを100g増やす

牛乳　コップ1杯
＋
シリアル

補食としてとり入れる

PART02
アスリートのための
食事術

身体組成をモニタリングしよう

1 毎朝体重を、定期的に身体組成を計ろう

体組成計は体重だけでなく、体脂肪率や除脂肪量などを計ることができます。アスリートは一般人と比較して除脂肪量が多く、身長に対して体重が多い傾向にあるため[27]、アスリートにおいて身長と体重から算出する体格指数(body mass index: BMI)を使用して身体組成を評価することは適していません。

また、アスリートにおいて競技特性に適した体づくりは、高いパフォーマンスを発揮するために大切です[28]。その体づくりにおいて大切なのは、除脂肪量です。身体組成とパフォーマンスには関係があることが報告されており[29]、除脂肪量や脂肪量の変化はパフォーマンスに影響を及ぼす要因のひとつといえます。そのため、体づくりを実施する上で除脂肪量を増やすとともに、必要以上に体脂肪量が増えないよう、定期的に体重や体脂肪率をモニタリングすることが重要です。

そこでスポーツ現場において利用されることの多い生体電気インピーダンス法(bio-electrical impedance analysis: BIA)による身体組成測定時の注意点について解説します。

2 BIA法による身体組成測定時の注意点について

午前中、体の水分は体全体にほぼ均一に分布しています。しかし、夕方になると下半身に体の水分が偏って分布する性質をもっているため、体脂肪率の測定値を変動させる要因であることがわかっています[30]。

また測定に使用する機器は、同じメーカーの機器であっても機種によって値の算出方法など

が異なる場合もあります。そのため、測定した値の誤差を小さくし、身体組成の変化を適切に評価するためには、可能なかぎり同じ時間帯に同じ条件で同じ機器を使用したモニタリングを継続的に行うことが重要です。

なお、測定のタイミングとしては、食事前かつ入浴前が推奨されています。また正確な測定を行うために、測定した値の変化する原因を考慮した8つのポイントがあげられます(表3)[31] [32]。

体組成計での測定における注意事項

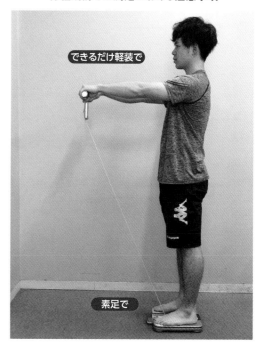

表3 正確な測定を行うポイント

1. 運動直後の測定を避けること
2. 脱水がある場合の測定は避けること
3. 気温が著しく低い時の測定は避けること
4. 発熱している時の測定は避けること
5. 測定時間を一定にすること
6. 食後2時間以内の測定を避けること
7. 測定前に排尿、排便を済ませること
8. 入浴直後の測定は避けること

出典：Baumgartner et al. 1990, Kyle et al. 2004より作成

エネルギー必要量を計算しよう

1 エネルギー必要量とは

　アスリートはコンディションを維持するために、エネルギー消費量に見合ったエネルギー量を食事から摂取する必要があります。

　1日あたりのエネルギー消費量（総エネルギー消費量；total energy expenditure：TEE）は、基礎代謝量、身体活動にともなうエネルギー、および食事による産熱（食事誘発性熱産生）で構成されます。体重が一定の状態であれば、エネルギー必要量は、総エネルギー消費量に等しいと考えられます。

　「日本人の食事摂取基準（2020年版）」では、摂取すべきエネルギー量（推定エネルギー必要量；estimated energy requirement：EER）は消費した分であるとの考え方にもとづき、エネルギー消費量により推定する方法を採用しています[33]。

$$EER（kcal/日）＝基礎代謝量（kcal/日）×身体活動レベル（PAL）$$

　基礎代謝量とは、「身体的・精神的な安静状態において代謝される最小のエネルギー代謝であって、生きていくために必要な最小のエネルギー代謝量」と定義されています。一般人において、基礎代謝量は、基礎代謝基準値（kcal/kg体重/日）×体重（kg）で推定されますが、アスリートにおいては体重よりも除脂肪量（FFM）との相関が高いことが明らかになっています[34][35]。そこで、アスリートのEERは以下の式で求めることができます[36]。

$$EER（kcal/日）＝27.0（kcal/kg\ FFM/日）×FFM（kg）×PAL$$

2 エネルギー必要量を計算してみよう

　それでは、実際にエネルギー必要量を計算してみましょう。

STEP1 除脂肪量（FFM）を求める

①体脂肪量（kg）＝体重（kg）×体脂肪率（%）÷100

②FFM（kg）＝体重（kg）－体脂肪量（kg）

STEP2 種目系別身体活動レベル（PAL）を知る[37]

	種目	PAL※
男性	水泳	2.4 ± 0.3
	アメリカンフットボール	2.2 ± 0.4
	ボート	2.4 ± 0.2
女性	陸上短距離、投擲、跳躍	2.0 ± 0.3
	陸上中距離	2.2 ± 0.3
	陸上長距離	2.3 ± 0.5
	水泳	2.6 ± 0.4
	新体操	2.5 ± 0.5
	柔道	2.1 ± 0.2
	ラクロス	2.4 ± 0.4

※平均値±標準偏差

STEP3 推定式を用いて計算する

たとえば、体重70kg、体脂肪率15%の男子水泳選手の場合は次のようになります。

```
STEP1
①体脂肪量＝70（kg）×15（%）÷100＝10.5（kg）
②除脂肪量＝70（kg）－10.5（kg）＝ 59.5（kg）

STEP2
水泳（男性）のPALは、2.4

STEP3
EER＝27.0（kcal/kg FFM/日）×59.5（kg）×2.4
　＝3,856（kcal/日）
```

　この例の場合、1日に必要なエネルギー摂取量は、3,856kcalとなります。したがって、1日3回（朝食：昼食：夕食＝1：1：1）に分けて食事をする場合、朝食におよそ1,285kcal摂取する必要があることがわかります。

　算出された値は推定値のため、同じ種目でも個人差は大きくなります。さらには、代謝の個人差やトレーニング状況の違いも考慮する必要があります。そのため、食事管理の際には、EERを参考にしながら、定期的に身体組成や体調などをモニタリングして食事量を調整しましょう。

アスリートに必要な栄養素 炭水化物

　炭水化物は、体内で消化・吸収されてエネルギー源となる糖質と、消化されずに腸まで運ばれ、腸内環境を改善する食物繊維に分けられます。糖質はアスリートにとって最も重要なエネルギー源です。

1 糖質について

　糖質は、糖の最小単位である「単糖」の数によって、単糖類、二糖類、少糖類、多糖類などに分類されます。よく耳にする「ブドウ糖(グルコース)」は単糖類、「でんぷん」はブドウ糖がたくさんつながっている多糖類です。

　食事から摂取した糖質は体の中で、グリコーゲンという形で肝臓と筋肉に蓄えられています。肝グリコーゲンはおもに脳や神経系を動かすエネルギー源となり、筋グリコーゲンは運動時に筋肉を動かすエネルギー源となります。グリコーゲンは、肝臓に100g程度、筋肉に250g程度と、少量しか蓄えることができないため[26]、かならず毎回の食事で糖質を十分に摂取しなければいけません。糖質の摂取が不足すると、持久力や集中力が低下する、筋肉をつくるたんぱく質が分解されてしまう、などの問題が起こりやすくなります。一方、糖質をとり過ぎた場合には、脂肪組織に中性脂肪として蓄えられます[26]。

　食事のポイントとしていちばん大切なことは、ごはん、パン、めん類などの主食をしっかりと食べることです。その上で、いも類をおかずにとり入れるなど工夫をしましょう。果物はビタミンCの補給だけでなく、糖質の補給にも役立ちます。また、糖質がエネルギーに変わるためにはビタミンB_1が必要なので、あわせてとるように心がけましょう(p.69参照)。右記に糖質のとれる食品を表にしました(表4)。

2 食物繊維について

　食物繊維は、人の消化酵素で消化されない難消化性成分のことです。食物繊維は、消化管機能や腸の運動を促進するなど、さまざまな生理作用が知られています。

　食物繊維を多く含む食品は、野菜(特に根菜類)、いも類、果物、豆類、海藻、ひじきや切り干し大根などの乾物があげられます。これらを使用した副菜を毎食2〜3品とり入れることで十分な量を摂取することができます。また、ごはんを押し麦や玄米入りにすることでも食物繊維をとることができますので、上手に食事にとり入れましょう。

表4 糖質のとれる食品

食品名	目安量 (g)	エネルギー (kcal)	糖質量 (g)
ごはん	大盛り(300g)	504	110.4
スパゲティ(乾燥)	1人前(100g)	379	71.2
うどん(ゆで)	1玉(250g)	263	52.0
食パン	6枚切り1枚	158	26.6
バナナ	1本(100g)	86	21.4
もち	角もち1個(40g)	94	20.1
かぼちゃ	煮物2個分(100g)	91	17.1
じゃが芋	中1個(100g)	76	16.3
ロールパン	1個(30g)	95	14.0

アスリートに必要な栄養素 たんぱく質

「たんぱく質＝筋肉」というイメージがあると思いますが、たんぱく質は筋肉以外にも骨、血液、髪、爪、皮膚、ホルモンなどを構成するもととなり、アスリートの体づくりに欠かせない栄養素です。

1 たんぱく質の働き

　たんぱく質はたくさんのアミノ酸がつながってつくられています。アミノ酸は20種類あり、そのうち9種類を必須アミノ酸といいます。必須アミノ酸は、人の体内で合成されないか、合成されても必要量に達しないために、かならず食事からとらなければいけません。

必須アミノ酸

- イソロイシン
- スレオニン
- ロイシン
- トリプトファン
- リジン
- バリン
- メチオニン
- ヒスチジン
- フェニルアラニン

　たんぱく質は、筋肉や臓器などを構成するほか、ホルモンや免疫物質などの材料にもなります。これらは、食事から摂取したたんぱく質を材料にして、絶えず分解と合成をくり返し、新しいものへとつくり変えられています。また、栄養素や酸素を全身に運ぶ、鉄を貯蔵する働きなどもあります。

　食事からの摂取が不足すると、体を構成しているたんぱく質が分解されてしまい、筋肉合成や免疫力の低下、貧血などの症状が現れることがあります。「たんぱく質不足で貧血」というと意外に思うかもしれませんが、たんぱく質は貧血のおもな指標となるヘモグロビンの材料のひとつでもあるのです。

　一方、筋たんぱくの合成に利用できるたんぱく質の量には限界があり、たんぱく質を過剰に摂取した場合は体脂肪として蓄積されるため、とり過ぎにも注意が必要です。

2 食事のポイント

　たんぱく質は主菜となる、肉、魚、卵、大豆・大豆製品(豆腐・納豆など)に多く含まれています。カルシウム源として知られている牛乳・乳製品も重要なたんぱく質源です。食品はそれぞれ含まれるアミノ酸のバランスが異なりますが、上記の食品は必須アミノ酸をバランスよく含む、良質のたんぱく質源といえます。

　しかし、たとえば毎食の主菜が肉類ばかりに偏るとエネルギーや脂質の過剰摂取、他の栄養素の不足につながりかねません。また、同じ食品ばかりでは摂取できるアミノ酸も偏ってしまうため、表5を参考にできるだけさまざまな食品からたんぱく質を摂取するように心がけましょう。

表5 たんぱく質のとれる食品

食品名	目安量(g)	エネルギー(kcal)	たんぱく質量(g)
鶏むね肉(皮なし)	100g	116	23.3
豚もも肉	100g	183	20.5
牛もも肉	100g	209	19.5
木綿豆腐	小1パック(150g)	108	9.9
納豆	1パック(50g)	100	8.3
卵	L玉1個(60g)	91	7.4
牛乳	コップ1杯(200ml)	134	6.6
サバ水煮缶詰	1/2缶(固形量70g)	133	14.6
ツナ缶詰(油漬け)	1/2缶(35g)	93	6.2

アスリートに必要な栄養素 脂質

脂質は効率のよいエネルギー源である一方、とり過ぎると摂取エネルギーの過剰により
体脂肪の増加を招いてしまいます。減量時には特にとり過ぎに注意したい栄養素です。

1 脂質の働き

脂質には、一般に「脂肪」とよばれる中性脂肪、細胞膜などをつくるリン脂質・糖脂質、ホルモンの材料になるコレステロールなどの種類があります。

食品中の脂質は1gあたり9kcalのエネルギーをもち、糖質やたんぱく質の1gあたり4kcalと比べ、2倍以上のエネルギーとなります。また、中性脂肪は皮下脂肪などに蓄えられ、貯蔵エネルギーとなります。エネルギー必要量が多いアスリートにとっては、適度に脂質を摂取すれば効率よくエネルギーを摂取できます。そのほか、脂質には体温を保つ働きもあります。

脂質の摂取が不足するとエネルギー不足や血管が弱くなるなどの可能性があります。反対にとり過ぎると、摂取エネルギーが過剰になることで、体脂肪の増加につながるため、適度にとることが大切です。脂質の総エネルギー摂取量に占める割合（エネルギー産生栄養素バランス）は、20〜30％が目安です。

2 脂質を抑える食事のポイント

体にとって欠かせない脂質ですが、食事をしっかりと1日3食食べていれば不足しづらく、反対にとり過ぎに注意したい栄養素です。ここで、脂質の摂取を抑えるポイントをいくつか紹介します。

❶肉類は脂質の少ない部位を選ぶ

肉類は部位によって含まれる脂質の量が大きく異なります。豚肉や牛肉はバラ肉よりヒレ肉やもも肉、鶏肉はもも肉よりむね肉やささ身を選ぶと脂質量を抑えることができます。また、いずれの肉類も脂身が少なく赤身が多いものを選ぶことや、鶏肉は皮を取ることで脂質の摂取を減らすことができます。

❷調理法を工夫する

同じ食品を使った料理でも、調理方法によって脂質量が大きく変わります。揚げ物や炒め物は一般に脂質量が多くなりますが、煮る、蒸す、ゆでるなど、油を使わない調理法にすれば、脂質量を抑えられます。また、本書で紹介している「そぼろなす」（p.44参照）のように油を使わずに電子レンジで調理をすると脂質をカットすることができます。

❸調味料はかけ過ぎに注意する

マヨネーズやドレッシングなどには意外と多くの脂質が含まれているため、サラダなどを食べる時には、かけ過ぎに注意が必要です。また、低脂質の商品を選ぶことも、ひとつの方法です。たとえば、マヨネーズは低カロリータイプにすることで脂質を約1/3に減らすことができ、ドレッシングはノンオイルタイプを選ぶことで脂質を大幅に減らすことができます。

❹菓子類のとり過ぎに注意する

菓子類の中でも特に洋菓子やスナック菓子は、全般に脂質を多く含みます。菓子類は必要なほかの栄養素を含んでいないことからも、とり過ぎには気をつけましょう。

下記に脂質が多い食品と少ない食品を表にしました（表6）。食品を選ぶ際の参考にしてください。

表6 脂質が多い食品と少ない食品

脂質が多い食品	脂質が少ない食品
牛・豚バラ肉	鶏むね肉・鶏ささ身
ひき肉	白身魚
ベーコン	豆腐
サラダ油・ごま油など	野菜・きのこ類・海藻類
バター・マーガリン	果物
マヨネーズ	ポン酢しょうゆ・
生クリーム	トマトケチャップ・ソース
菓子パン	食パン・あんぱん・ベーグル
洋菓子・スナック菓子	和菓子

アスリートに必要な栄養素 ビタミン

コンディションを良好に保つために重要な役割を担うビタミンは、アスリートにとって必要不可欠な栄養素です。エネルギー消費量が多いアスリートほど、ビタミンも多くとるように意識しましょう。

1 脂溶性ビタミンと水溶性ビタミン

　ビタミンは全部で13種類あり、油に溶ける脂溶性ビタミン（A、D、E、K）と水に溶ける水溶性ビタミン（ビタミンB群、C）に分けられます。いずれも体内で合成されないか、またはその合成量が十分ではないため、食事から摂取しなければいけません。不足するとさまざまな体の不調をきたします。

　また、過剰に摂取した場合、水溶性ビタミンは水に溶けるため尿中に排泄されやすいのですが、脂溶性ビタミンは体内に蓄積され、過剰症（頭痛や吐き気など）を引き起こすことがあります。通常の食生活ではほとんど心配はありませんが、サプリメントやビタミン剤をとっている場合は、簡単に大量の栄養素を摂取できてしまうため注意が必要です。

2 特に意識したいビタミン

　多くの種類があるビタミンの中でも、コンディションや体づくりと関係が深く、アスリートが特に意識して摂取したいビタミンの働きを紹介します。

ビタミンA
　免疫機能を高める、のどや鼻の粘膜を正常に保つなどの働きがあり、風邪などの感染症予防に役立ちます。

ビタミンD
　カルシウムの吸収を促進し、骨の形成を助けます。日光にあたることで皮膚でも合成されます。屋内競技のアスリートは特に意識して摂取しましょう。

ビタミンB$_1$
　糖質がエネルギーに変わるのを助ける栄養素で

す。エネルギー消費量や糖質の摂取量が多くなるほど、ビタミンB$_1$の必要量も多くなるため、アスリートは不足しないように気をつけましょう。

ビタミンB$_2$
　糖質、脂質、たんぱく質がエネルギーに変わる時に必要になります。不足すると皮膚炎・口内炎などを引き起こすことが知られています。

ビタミンC
　皮膚、腱、靭帯などを構成するコラーゲンの合成に不可欠です。そのほか、抗酸化作用、抗ストレス作用、鉄の吸収促進などの働きがあります。

　水溶性ビタミンであるB群とCは、多めにとっても体内に蓄積されにくく、排泄されてしまうので、毎日の食事でしっかりと補いましょう。

　下記に、それぞれのビタミンがとれる食品をまとめました（表7）。これらの食品を積極的に食事にとり入れるように心がけましょう。

表7 ビタミンのとれる食品

脂溶性ビタミン	ビタミンA	レバー、卵、緑黄色野菜（にんじん、かぼちゃ、青菜類など）
	ビタミンD	イワシ・サンマなどの魚類、きのこ類

水溶性ビタミン	ビタミンB$_1$	豚肉、ハム、そば、玄米、胚芽米、大豆
	ビタミンB$_2$	レバー、牛乳・乳製品、魚類、卵、納豆
	ビタミンC	パプリカ、ブロッコリー、キウイフルーツ、いちご、オレンジ

アスリートに必要な栄養素 ミネラル

ミネラルは体づくりや、体の機能の調節にかかせない栄養素です。アスリートにおける必要量が多いため、毎日の食事でミネラルの多い食品を意識してとることが大切です。

1 ミネラルとは?

ミネラルとは、体をつくっている元素のうち、酸素、炭素、水素、窒素を除いた元素のことで、無機質ともいいます。代表的なミネラルとして、カルシウム、鉄、亜鉛、マグネシウム、カリウムなどがあげられ、これらは食事からとらなければなりません。ミネラルの中で不足しやすく、またアスリートの体づくりや体調と大きく関わるのはカルシウムと鉄です。

2 カルシウムの働きと食事のポイント

カルシウムは体内に最も多く存在するミネラルで、約99%が骨に、残りの約1%が血液や筋肉に存在しています。カルシウムは骨や歯をつくるだけでなく、筋肉の収縮や神経伝達にも欠かせない栄養素です。不足すると、骨がもろくなり、骨粗しょう症を招くことがあります。

カルシウムは牛乳・乳製品、大豆製品、骨ごと食べられる魚の缶詰や小魚、青菜類などに多く含まれています。特に、牛乳・乳製品はほかの食品に比べて体内への吸収がよく、最も重要なカルシウム源となるため、アスリートは毎食とるようにしましょう。

3 鉄の働きと食事のポイント

鉄はおもに赤血球のヘモグロビンや筋肉中のミオグロビンというたんぱく質の材料となっています。ヘモグロビンは肺からとり込んだ酸素を全身に運ぶ役割を担っています。残りは貯蔵鉄として体に蓄えられ、不足した時に利用されます。

鉄が不足すると鉄欠乏性貧血を起こしやすくなります。貧血になり、酸素を運ぶヘモグロビンが足りなくなると、息切れ、めまいなどの症状が生じることがあり、持久力の低下につながります。アスリートは運動量の増加にともない損失量も増加し、汗からも鉄が失われることから、必要量は多くなります。

食品中の鉄には、レバーや赤身肉、魚類などの動物性食品に含まれるヘム鉄と、大豆や青菜類など植物性食品に含まれる非ヘム鉄があります。ヘム鉄の方が体内への吸収率が高いことが特徴ですが、非ヘム鉄はたんぱく質やビタミンCといっしょにとると吸収を高めることができます。カルシウムと鉄のとれる食品をそれぞれ表にしました(表8、表9)。

表8 カルシウムのとれる食品

食品名	目安量(g)	カルシウム(mg)
牛乳	コップ1杯(200ml)	220
サバ水煮缶詰	1/2缶(固形量70g)	182
小松菜	80g	136
木綿豆腐	小1パック(150g)	129
チーズ	20g	126
ヨーグルト	100g	120

表9 鉄のとれる食品

食品名	目安量(g)	鉄(mg)
豚レバー	80g	10.4
アサリ水煮缶詰	20g	5.9
鶏レバー	50g	4.5
小松菜	80g	2.2
納豆	1パック(50g)	1.7
卵	L玉1個(60g)	1.1

水分補給

アスリートにとっての水分補給は、コンディショニングやパフォーマンスの低下を防ぐために必要不可欠なものです。熱中症を予防する上でも重要な働きをしています。

1 水分補給の大切さ

人の体の50〜60％は水でできています。水分が不足してしまうと、体はどうなってしまうのでしょうか？ 運動をすることで体温が上昇しますが、汗が皮膚表面から蒸発することによって、上昇した体温を下げることができます。しかし、適切な水分補給がなされず脱水状態になると、体重の約1％の水分減少で体温が約0.3℃上昇するとされています[38]。

表10は、体重に対する水分損失率と脱水症状の関係を示しています。多量の発汗によって水分損失率が体重の2％以上になると、運動能力が低下し競技成績への影響が大きくなります[39][40]。

2 水分補給のしかた[39]

水分補給は、発汗量に相当する量を補えばよいのですが、汗の量は個人の身体サイズ、気象条件、運動強度などによって大きく異なります。運動中は自由に水分を補給できる環境を整えることが大切であり、体重減少量（脱水量）は2％以内に収まるように補給します。また、運動前後の体重を計ることでそのときの発汗量を知ることができ、水分補給の必要量を予測することができます。1時間あたりの発汗量は下記の式で計算します。

$$\boxed{\text{1時間あたりの発汗量}} = \frac{\text{運動前の体重} - \text{運動後の体重} + \text{飲水量}}{\text{運動時間（時間）}}$$

摂取する飲料としては、一般のスポーツドリンクが利用できます。次のポイントを参考にしてください。

- 5〜15℃に冷やす
- 0.1〜0.2％の塩分濃度
- 4〜8％の糖質濃度

また、水分補給が十分かどうかを確認する実践的な方法を2つ紹介します。

❶運動前後の体重でチェック

運動前後で体重を測定し、体重の2％以上体重が減少している場合は水分補給が足りていません。体重減少を2％以内に抑えるように補給方法を見直しましょう。

❷尿の色と量をチェック

尿の色が濃い、または量が少ない場合は脱水の可能性があるので注意しましょう。尿の色は下の図で確認できます（図12）。また、尿の色は食品、医薬品、サプリメントの摂取状況により影響を受ける可能性があります。

今回示した水分補給の方法は、あくまでも目安になります。自分の通常の体重と尿の色や量を日ごろから把握し、こまめに水分補給をする習慣をつけましょう。

図12 尿の色による水分補給の評価[42]

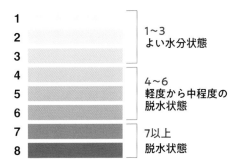

1, 2, 3	1〜3 よい水分状態
4, 5, 6	4〜6 軽度から中程度の脱水状態
7, 8	7以上 脱水状態

表10 体内の水分損失率とおもな脱水症状[40][41]

水分損失率	おもな症状
1%	のどの渇き、体温調節障害など
2%	運動能力の低下など
3%	尿量の減少、血液の濃縮など
5%	集中力の障害、頭痛など

トレーニング期の朝食

1 トレーニング期のポイント

競技によって期分けと時期はさまざまですが[43]、トレーニング期ではおもに持久力の向上や筋力および筋量の増加を目的とします。いずれも消費エネルギー量に見合ったエネルギー量および栄養素量を摂取することが重要となります。

❶持久力の向上

持久力の向上という目的のため、長時間の運動が行われる場合が多くなります。充実したトレーニングを行うためには、おもなエネルギー源となる糖質を十分に摂取することが重要です。摂取した糖質は、グリコーゲンとして肝臓と筋肉に貯蔵されます。運動時は、おもに筋グリコーゲンを消費します。そのため、筋肉にグリコーゲンを貯蔵させて消費した筋グリコーゲンを十分に回復させる必要があります。エネルギーを持続的に生み出すためには、朝昼夕の3食の食事だけでなく、補食からも十分な糖質を摂取することが望ましいといえます。

糖質をエネルギーに変えるためにはビタミンB₁が必要です[44]。ビタミンB₁は、一度に多量に摂取しても体に蓄えておくことができません。朝食、昼食、夕食の1食ごとにビタミンB₁を含む食品を摂取するように心がけましょう。

❷筋力および筋量の増加

筋力は筋量と比例[45]また有酸素性能力とも比例するため[46]、各競技に適した筋量が必要です。レジスタンス運動は、筋たんぱく質合成への刺激となります。刺激が入り筋肉が合成される時に材料となるたんぱく質が不足していては、筋肉を合成し筋量を増加させることができません。たんぱく質は十分に摂取しましょう。

筋たんぱく質合成を効果的に行うためには、1回の食事でたんぱく質が体重1kgあたり0.24g必要です[18]。体重70kgの人では16.8g必要なので、朝食、昼食、夕食の各食事で約20gのたんぱく質を最低でも摂取しましょう。

また、消費エネルギー量に見合ったエネルギーがとれていない場合は、筋肉が分解され消費されてしまいます。筋量の維持のためにも、たんぱく質だけでなく糖質も十分に摂取する必要があります。

❸けが予防

トレーニング期には、骨折、筋肉、靭帯の損傷などのけがを負うことが増えます。骨折の予防としては、骨の材料であるカルシウムの摂取、またカルシウムの吸収を促進し、骨の形成と成長を促すビタミンD[47]の摂取も重要です。靭帯の損傷予防としては、腱や靭帯の成分であるコラーゲンの合成に関わるビタミンC[48]も摂取すべき栄養素です。

2 朝食のポイント

❶欠食は絶対にしない

1食でも食べないと1日の合計の摂取量が不足してしまいます。摂取量を確保するためにも、朝食はかならず食べましょう。

❷摂取エネルギー量の確保(特に主食量)

朝食を欠食すると、空腹時間が続くため、筋グリコーゲンの消耗が促進し、筋肉が分解されます。糖質の摂取は十分に行いましょう。

❸たんぱく質摂取(特に主菜および乳製品)

朝食ではたんぱく質摂取量が少ない場合が多いので[49]、主菜を欠かすことのないように注意しましょう。主菜が摂取できない場合は、手軽に摂取しやすい乳製品(牛乳、ヨーグルト、チーズなど)を追加しましょう。

献立例 ▶ 作り方p.74

トレーニング期の朝食MENU

- ●ごはん
- ●牛しゃぶサラダ
- ●豆腐ときのこのごまみそ汁
- ●フルーツヨーグルト

852 kcal

注目の栄養素	たんぱく質 35.3g	脂質 14.3g	炭水化物 141.8g

組み合わせのポイント

良質なたんぱく質であり、鉄の補給もできる牛肉は牛しゃぶサラダに。サラダの野菜に彩りのよい緑黄色野菜を選ぶことでビタミン類を効率よくとることができます。また、ビタミンDを含むきのこ類を使用しているので、カルシウムの吸収率がアップできる献立です。

p.73 **献立レシピ**

191 kcal　包丁いらず　お弁当

牛しゃぶサラダ

材料／1人分

牛薄切り肉	80g
A［水	少々
かたくり粉	少々
サラダ油	小さじ½
冷凍ブロッコリー	30g
レタスサラダミックス(市販品)	1袋(80g)
ポン酢しょうゆ	大さじ1

作り方

1 牛肉はAを順にもみ込む(Aをもみ込むことで、やわらかくゆで上がる)。
2 鍋にたっぷりの湯を沸かし、冷凍ブロッコリーをさっとゆでてざるに上げる。続けて同じ湯に牛肉を入れ、肉の色が変わるまでゆでてざるに上げる。
3 器にサラダミックス、2を盛り、ポン酢しょうゆをかける。

注目の栄養素　たんぱく質 18.2g　鉄 2.6mg　ビタミンC 57mg

豆腐ときのこのごまみそ汁

材料／1人分

木綿豆腐	⅓パック(50g)
えのきたけ、まいたけ、しめじ、なめこ	各10g
水	200㎖
A［顆粒和風だし	小さじ⅓
みそ	小さじ2
すり白ごま	小さじ½
カット青ねぎ	少々

作り方

1 豆腐は2㎝角に切る。えのきは根元を切り落とし、長さを半分に切る。まいたけ、しめじは石づきを除いてほぐす。
2 鍋に分量の水を入れて中火にかけ、煮立ったら1、なめこ、Aを入れてみそを溶かし、再び煮立ったらごまを加える。
3 器に2を盛り、青ねぎをのせる。

81 kcal

注目の栄養素　食物繊維 2.5g　鉄 1.3mg

ごはん 1人分・300g

フルーツヨーグルト 1人分・75g

おすすめレシピ

厚揚げと菜の花の肉みそがけ

283
kcal

材料／1人分

厚揚げ	1枚 (100g)
菜の花	40g
A 水	100mℓ
顆粒和風だし	小さじ⅔
B 鶏ひき肉	30g
みそ	大さじ1
ごま油	小さじ½

作り方

1 厚揚げは縦半分に切ってから、1cm厚さに切る。菜の花は5cm長さに切る。

2 鍋にAを入れて中火にかけ、煮立ったら1を入れて5分ほど煮る。

3 耐熱容器にBを入れて混ぜ、ラップをかけて電子レンジで1〜2分加熱する。取り出して、肉が生っぽい場合は追加で30秒ずつ加熱し、よく混ぜる。

4 器に2を盛り、3をのせる。

 注目の栄養素 | たんぱく質 21.2g | カルシウム 327mg | 鉄 4.8mg

337
kcal
包丁いらず

サケ缶とブロッコリーのクリーム煮

材料／1人分

サケ水煮缶詰	1缶 (90g)
冷凍ブロッコリー	80g
牛乳	150mℓ
クリームシチューの素 (市販品)	1人前

作り方

1 耐熱容器に冷凍ブロッコリーを入れ、ラップをかけて電子レンジで1分30秒加熱して解凍する。

2 鍋にサケ缶を汁ごとと、牛乳、1、クリームシチューの素を入れて中火にかけ、とろみがつくまで煮る。

 注目の栄養素 | たんぱく質 25.0g | ビタミンD 13.8μg | ビタミンC 98mg

朝練がある日の朝食

1 朝練前になにもとらないと…

　朝食や補食をとらずに朝練を行うと、約12時間以上も空腹状態のままになってしまいます。空腹状態が長時間続くと、筋たんぱく質の分解が促進され、体づくりに悪影響を及ぼします。

　また、朝食をとらずに運動した場合、朝食をとった時と比べて長時間の運動パフォーマンスが低下することがわかっています[10]。長時間運動だけでなく、レジスタンス運動のような短時間の運動においても、朝食をとらないとパフォーマンスが低下することもわかっています[9]。

　このように体づくりや運動パフォーマンスに影響をもたらすため、朝練がある時こそ朝食は欠かすことのできない食事といえます。

2 朝練前にとる朝食のポイント

❶エネルギー源の確保

　朝練の前に朝食をとることは重要ですが、「アスリートの食事の基本形」のような朝食をとることがむずかしい場合もあります。練習開始が早朝である、自宅から練習場所への移動に時間がかかるため早朝に家を出なければならないなど、練習スケジュールや環境によっては朝食の準備や食事にかけられる時間が短くなります。そのような場合、まずは糖質を多く含むごはん、パンなどの主食を食べてエネルギー源を確保するようにしましょう。ごはんやパンだけでは食べにくいという人は、汁物を加えて水分もいっしょにとると食べやすくなります。

❷水分補給の役割

　朝食には、エネルギーや栄養素の摂取だけでなく、水分補給としての役割もあります。ごはんを主食とした一般的な和食から540kcal程度の食事をとると、470gの水分を補給できます[50]。このように朝食をとることにより、睡眠中の発汗によって失われた水分を補給できます。さらに牛乳や果物、スムージーなどをとり入れると、より簡単に水分補給ができます。

❸心理的な効果

　朝練前の朝食には、心理的な効果も期待できます。20分程度の短時間の運動では、朝食をとることが運動パフォーマンスにとって有利だと感じ、朝食欠食と比べて運動パフォーマンスが向上する可能性があります[51]。早朝で食欲がわかないという場合でも、練習前にはとにかくなにか口に入れるということを意識しましょう。

3 朝練後も意識して!

　早朝に行う朝練前の朝食だけでは不十分な場合もあります。たとえば朝練前におにぎりを1個食べただけでは、エネルギーやその他の栄養素ともに、必要量を満たすことができません。そこで、朝練前の朝食が少量であった時には、朝練後にも朝食をとるようにしましょう(図13)。自身の練習スケジュールに合わせて朝食のタイミングや内容を工夫できるとよいでしょう。

図13 朝練前後の朝食スケジュール例

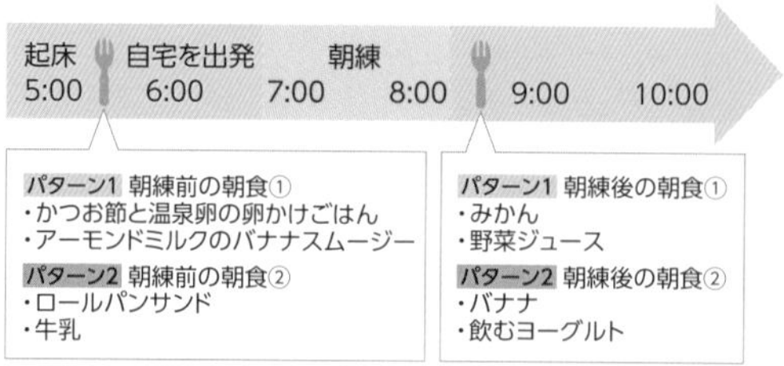

起床　自宅を出発　朝練
5:00　6:00　7:00　8:00　9:00　10:00

パターン1 朝練前の朝食①
・かつお節と温泉卵の卵かけごはん
・アーモンドミルクのバナナスムージー
パターン2 朝練前の朝食②
・ロールパンサンド
・牛乳

パターン1 朝練後の朝食①
・みかん
・野菜ジュース
パターン2 朝練後の朝食②
・バナナ
・飲むヨーグルト

ポイント
①練習前には主食をとろう
②練習前後両方の朝食を合わせて
　主食+主菜+副菜+牛乳・乳製品+果物がそろうようにしよう
③果汁100%のフルーツジュースや野菜ジュースを上手に活用しよう
④水分補給のために水分量の多いものも意識してとり入れよう
　(汁物、飲み物)

献立例 ▶ 作り方p.78

朝練がある日の朝食MENU

- ●ロールパンサンド
- ●牛乳
- ●バナナ

579 kcal

注目の栄養素	たんぱく質 19.9g	脂質 28.1g	炭水化物 63.5g

組み合わせのポイント

調理せずに食べられるパンは糖質補給に便利ですが、それだけですませずに、市販の卵サラダをはさむなどひと手間加えるだけで一気に栄養価は上がります。加熱しないで食べられるハムやチーズをはさんでもOK。それでも足りない分の糖質はバナナで、たんぱく質は乳製品で補給しましょう。

献立レシピ
p.77

359 kcal ／ 5分以内 ／ 電子レンジのみ ／ お弁当

ロールパンサンド

材料／1人分

ロールパン……………………………………2個
サラダ菜………………………………………2枚
ウインナソーセージ…………………………1本
卵サラダ(市販品)…………………………40g
トマトケチャップ(好みで)………………適量

作り方

1 耐熱容器にソーセージ1本を入れ、ラップをかけて電子レンジで30秒ほど加熱する(加熱しすぎると破裂するので注意)。

2 ロールパン2個の真ん中に切り目を入れ、サラダ菜を1枚ずつはさみ、1、卵サラダをそれぞれはさむ。

3 ソーセージに好みでトマトケチャップをかける。

注目の栄養素 ｜ 糖質 29.9g ｜ 鉄 1.4mg

牛乳 1人分・200mℓ **バナナ** 1人分・1本

おすすめレシピ

ハムチーズトーストといちごジャムトースト

材料／1人分

食パン(6枚切り)……………………………2枚
ハム……………………………………………1枚
とろけるスライスチーズ……………………1枚
いちごジャム………………………………適量

作り方

1 食パン1枚にスライスチーズ、ハムをのせる。もう1枚の食パンといっしょにオーブントースターでこんがり焼く。

2 トーストした食パンにジャムを塗る。

注目の栄養素 ｜ たんぱく質 16.6g ｜ 糖質 66.6g ｜ カルシウム 144mg

446 kcal ／ オーブントースターのみ ／ 包丁いらず ／ お弁当

かつお節と温泉卵のTKG

材料／1人分

ごはん ･･････････････････････････････ 200g
かつお節 (削り) ･･････････････････････ ½袋
温泉卵 (市販品またはp.24参照) ･････････ 1個
温泉卵付属のたれ ･･････････････････････ 1個分

作り方

器にごはんを盛ってかつお節、温泉卵をのせ、温泉卵付属のたれ (たれがない場合はしょうゆ少々) をかける。

注目の栄養素 | 糖質 74.4g | 鉄 1.1mg

405 kcal | 5分以内 | 加熱なし | 包丁いらず

アーモンドミルクの バナナスムージー

材料／1人分

アーモンドミルク (砂糖不使用) ･････････ 200㎖
バナナ ･･････････････････････････････ 1本
プレーンヨーグルト ･･････････････････ 50g

作り方

ミキサーに、バナナの皮をむいて3〜4等分に折って入れ、アーモンドミルク、ヨーグルトも入れ、なめらかになるまで撹拌する (ハンドブレンダーで撹拌してもよい)。

注目の栄養素 | 糖質 32.9g | 食物繊維 4.7g | カルシウム 125mg

185 kcal | 5分以内 | 加熱なし | 包丁いらず

309 kcal

コーンクリームスープとひたパン

材料／1人分

コーンクリームスープ (2倍濃縮タイプ) ･･････ 50㎖
牛乳 ･･････････････････････････････ 100㎖
食パン (6枚切り) ･･･････････････････ 1枚

作り方

1 深めの耐熱容器にコーンクリームスープ、牛乳を入れ、ラップをかけて電子レンジで1分30秒加熱する。食パンはオーブントースターで焼き、4等分に切る。
2 器に1を盛り、食パンをスープに浸しながら食べる。

注目の栄養素 | 糖質 40.0g | カルシウム 154mg

試合前調整期の朝食

1 食べ慣れた朝食を食べよう

　試合の1週間前から4日前までは、試合前だからといって特別な朝食をとる必要はありません。いつもどおりの食べ慣れた食品、料理、調理法で、「アスリートの食事の基本形」(主食+主菜+副菜+牛乳・乳製品+果物)をそろえた朝食にします。3日前から前日までは、特に糖質を意識してとるようにします。糖質は主食に多く含まれています。主食であるごはんをしっかりとるよう工夫しましょう。また、脂質の多い食品を食べ過ぎて試合に影響するほど体重が増加しないようにします。ホテルの朝食ビュッフェでみられるクロワッサン、デニッシュなどは脂質が多いので、特に試合の前日は食べる量を調整しましょう。

2 衛生的で安全なものを食べよう

　食あたりや食中毒で体調をくずすことがないように衛生的で安全なものを食べるようにします。生もの、香辛料の多いもの、食べ慣れない食べ物や飲み物はおなかをこわしやすいので避けるようにしましょう。

控えた方がよい食べ物・飲み物

| 生卵 | 搾りたて牛乳 | 香辛料 |

3 食べる量を調整しよう

　練習量が少なくなる場合や緊張や興奮により食欲が増す場合は、体重が試合に影響するほど増加しないようにします。反対に緊張や興奮により消化が抑制され、おなかがすかず、食事をうまく食べることができない場合は、必要な栄養素が不足しやすくなります。消化されなければ吸収されないので、体調に応じてバランスのよい食事を維持した上で、消化のよい食事をとりましょう。たとえば、豚汁にうどんを入れた豚汁うどんや、鍋にごはんを入れた雑炊は、消化もよく、1品で主食、主菜、副菜も兼ねているので食事をうまく食べることができない時におすすめです。消化をよくするため「よく噛んで」食べることも大切です。また、試合開始時刻から逆算し、食事や補食の時間、生活リズムを試合に合わせましょう。

　練習量に見合った食事量であるか確認するためにも、朝起きて朝食を食べる前に体重を計りましょう。消化が抑制されると、症状として下痢、便秘などの症状が起こります。下痢などの症状がある場合は、冷たい食べ物や飲み物を避けたり、体が冷えないように意識すると再度下痢になることを防げます。もし、下痢が止まらない場合は、脱水にならないように水分補給をし、医療機関を受診しましょう。便秘は、食生活の変化や水分補給の状態から引き起こされることが多いので、食物繊維を多く含む海藻、野菜、きのこなどをいつもどおりに食べて、食物繊維の不足を防ぐこと、水分補給が足りなくならないように注意することが必要です。練習中の水分補給ができているかの目安は、p.71を参照してください。

　大切なのは、日ごろから「主食+主菜+副菜+牛乳・乳製品+果物」をそろえた朝食を食べることです。毎日、朝食を料理し食べる時間を確保することは、練習や睡眠の時間を確保することと同様に体の調子を整えるために必要です。ベストな状態で試合に臨むために、朝食の時間を確保し、今一度日々の生活を振り返ってみましょう。

献立例 ▶ 作り方p.82

試合前調整期の朝食MENU

- ●とろろかけごはん
- ●具だくさん豚汁
- ●ゆで卵（市販品）
- ●牛乳　●キウイフルーツ

1013 kcal

注目の栄養素

たんぱく質 36.4g	脂質 19.2g	炭水化物 169.8g

組み合わせのポイント

普通の豚汁にじゃが芋を入れることで糖質を、小松菜を入れることでカルシウム、鉄、ビタミンAなどをとることができ、汁物1杯で一度にたくさんの栄養素を補給することができます。また、ゆで卵をプラスしてたんぱく質を確保することにより、バランスのよい献立となっています。

p.81 **献立レシピ**

とろろかけごはん

材料／1人分

とろろ(市販品)‥‥‥‥‥‥‥‥‥‥‥ 1パック(50g)
ゆかりふりかけ‥‥‥‥‥‥‥‥‥‥‥‥‥‥‥‥少々
ごはん‥‥‥‥‥‥‥‥‥‥‥‥‥‥‥‥‥‥‥ 300g

作り方

器にごはんを盛り、とろろをかけ、ゆかりふりかけをふる。

注目の栄養素	糖質 122.7g

566 kcal｜5分以内｜加熱なし｜包丁いらず

179 kcal

具だくさん豚汁

材料／1人分

豚こま切れ肉‥‥‥‥‥‥‥‥‥‥‥‥‥‥‥‥ 40g
じゃが芋‥‥‥‥‥‥‥‥‥‥‥‥‥‥‥‥‥‥ ½個
小松菜‥‥‥‥‥‥‥‥‥‥‥‥‥‥‥‥‥‥‥ 1株
A ┌ 水‥‥‥‥‥‥‥‥‥‥‥‥‥‥‥‥‥‥ 200㎖
　└ 顆粒和風だし‥‥‥‥‥‥‥‥‥‥‥‥ 小さじ⅓
豚汁用野菜ミックス‥‥‥‥‥‥‥‥‥‥ ⅓袋(110g)
みそ‥‥‥‥‥‥‥‥‥‥‥‥‥‥‥‥‥‥ 大さじ1

作り方

1 じゃが芋は皮をむいて1㎝幅のいちょう切りにする。耐熱容器に入れてラップをかけて電子レンジで2〜3分加熱する。 小松菜は4㎝長さに切る。

2 鍋にA、豚肉、野菜ミックス、**1**を入れて中火にかけ、肉と野菜に火が通るまで煮て、みそを加えて溶かす。

注目の栄養素	食物繊維 4.3g	ビタミンA 157μg	ビタミンB₁ 0.46mg

ゆで卵(市販品) 1人分・1個

牛乳 1人分・200㎖

キウイフルーツ 1人分・1個

おすすめレシピ

カニかまとレタスの とろっと卵丼

材料／1人分

ごはん	300g
レタス	30g
卵	2個
カニ風味かまぼこ	2本
A 水	150㎖
顆粒中華風だし	大さじ½
ごま油	小さじ1

作り方

1 レタスは食べやすい大きさにちぎる。 卵は溶きほぐす。

2 フライパンにAを入れて中火にかけ、煮立ったらカニかまを裂きながら加え、レタスも加えて煮る。

3 再び煮立ったら溶き卵を流し入れ、ふたをして火を止め、余熱で卵に半熟状に火を通す。ふたを取ってごま油を回し入れる。

4 器にごはんを盛り、3をのせる。

754 kcal 包丁いらず

注目の栄養素 ▶ たんぱく質 25.5g ｜ 糖質 115.0g ｜ ビタミンB₂ 0.59mg

337 kcal お弁当

注目の栄養素 糖質 39.7g ｜ 食物繊維 2.6g

そうめんチャンプル

材料／1人分

そうめん(乾)	1束 (50g)
スパム	30g
野菜炒めミックス*	½袋 (75g)
ごま油	小さじ1
A しょうゆ	小さじ1
顆粒和風だし	小さじ⅔
塩	ひとつまみ
こしょう	ふたふり

野菜炒めミックス

＊キャベツ、もやし、にんじんなど野菜の種類が多く入っているものを選びましょう。

作り方

1 スパムは1cm幅の薄切りにする。

2 フライパンにたっぷりの湯を沸かし、野菜炒めミックスを入れて1分ほどゆで、そうめんを加えてさらに1分ほどゆで、いっしょにざるに上げる。

3 フライパンの水けを拭き取り、ごま油を入れて中火にかけ、1、2を加えてさっと炒め、Aを加えて炒め合わせる。

試合当日の朝食

1 試合当日の食事のポイント

❶体内のエネルギー源を満タンに

試合当日の食事で最も重要なことは、筋肉と肝臓に蓄えるエネルギー源（グリコーゲン）と体水分状態を100%にしておくことです。直前のトレーニングや試合、減量のために失われたエネルギー源（グリコーゲン）と水分を回復し、必要に応じて食事や水分摂取量を調節しましょう。

❷試合日程に合わせた栄養補給を

試合当日の競技回数、試合開始時間、1試合目と2試合目のあいだの時間を考慮します。試合が早朝の場合、前日の睡眠時間を確保するか、食事を確保するかのいずれかを選択することになります。また、次の試合までの回復時間が短い場合（1〜2時間以内）、高糖質の軽食をとるのが適切ですが、それがむずかしい場合でも血糖値が低下しないようにスポーツドリンクなどをとるようにしましょう[52]。

❸胃腸障害に気をつける

試合中に発生することがある胃腸障害を予防しましょう。試合前の食事のタイミング、量、内容（食物繊維、脂質、水分のとり過ぎ）に注意し、高糖質食に体が慣れるようにしておきましょう[53]。

2 試合当日の朝食には

❶主食（糖質）中心のメニューにしよう

体重1kgあたり1〜4g（体重60kgの場合は60〜240g）の糖質を摂取します。高濃度の糖質を急に摂取した場合、運動時に低血糖や胃腸障害を起こすことがあるので、自分に合う摂取量と時間を調節しましょう。食事なら試合3〜4時間前に、軽食は試合1〜2時間前に摂取しましょう。

❷食物繊維や脂質の少ない、消化のよい軽食

高食物繊維と高脂質の食事を摂取すると、消化が完全にされず、胃の中に食べ物が残った状態になって、胃腸障害を引き起こすことがあります。どの程度の満腹感が自分にとってベストな状態なのか、トレーニング期間中に食物繊維の摂取量を調節して試しておきましょう[52]。

❸十分な水分摂取を心がけよう

試合開始数時間前から少量の水を分けて飲むことは効果的な水分補給に役立ち、試合中に発生する胃腸障害や排尿を防止します。

午後と夕方に試合がある場合、朝食はパフォーマンスに影響を与えないだろうと考えてしまいがちです。しかし、朝食を欠食するとその後の食事（昼食と夕食）だけでは1日に必要な量を完全に補うことができず、総エネルギー摂取量が減少し、回復が不十分になるため夕方以降の試合のパフォーマンス低下につながります[10]。試合当日の最初の食事である朝食は、試合前の体の回復だけでなく、心の安定感と集中力も向上させます。絶対的な栄養戦略は存在しないので、選手個人に合った朝食や試合前の食事をシミュレーションしておくことが必要です。

タイミングによるおすすめメニュー[52]

試合まで3〜4時間 →主食（糖質）中心のメニュー	試合まで1〜2時間 →食物繊維や脂質の少ない 　消化のよい軽食
●うどん＋おにぎり 　＋牛乳の組み合わせ ●どんぶり物 　＋めんの組み合わせ ●どんぶり物	●おにぎり ●パン ●果物 　（バナナ、オレンジ、りんご）

海外試合におすすめ
シリアル ＋ 低脂肪乳 ＋ 果物 マフィン または トースト ＋ ジャム または はちみつ パンケーキ ＋ シロップ パスタ ＋ トマトソース（トマトパスタ） 果物スムージー

献立例 ▶ 作り方p.86

試合当日の朝食MENU

- きつね力うどん
- ゆかり梅おにぎり
- オレンジ、いちご

(718 kcal)

注目の栄養素	たんぱく質 17.8g	脂質 5.7g	炭水化物 145.5g

組み合わせのポイント

試合当日は糖質中心の食事が基本です。のどごしがよいめんにおにぎりや果物を合わせることで糖質を多くとることができます。胃の消化の負担を軽くするためにごはんをやわらかく炊いたり、野菜もやわらかめに煮たりしてよく噛んで食べましょう。また、果物は多めにとりましょう。

p.85 献立レシピ

(477 kcal) (電子レンジのみ) (包丁いらず)

きつね力うどん

材料／1人分

冷凍うどん	1玉
切りもち(薄切りタイプ)	3〜4枚
A　熱湯	300㎖
めんつゆ(3倍濃縮)	大さじ2½
味つき油揚げ(いなりずし用など・市販品)	2枚
カット青ねぎ	適量

作り方

1 冷凍うどんは袋の表示どおりに電子レンジで解凍する。 耐熱容器に水100㎖(分量外)を入れ、切りもちを並べ、ラップをかけて電子レンジで1分ほど加熱する。 取り出して、もちがかたい場合は、追加で10秒ずつ加熱する。

2 器にAを入れ、**1**、味つき油揚げ、青ねぎをのせる。

注目の栄養素 | 糖質 87.8g | 鉄 1.4mg

(178 kcal) (5分以内) (加熱なし) (包丁いらず) (お弁当)

ゆかり梅おにぎり

材料／1人分

ごはん	100g
梅干し	1個
ゆかりふりかけ	少々

作り方

1 ごはんにゆかりふりかけを混ぜる。

2 ラップに種を除いた梅干しをのせ、上に**1**をのせてラップで包んでにぎる。

注目の栄養素 | 脂質 0.4g | 糖質 38.7g

オレンジ 1人分・1個

いちご 1人分・3個

おすすめレシピ

けんちんうどん

材料／1人分

小松菜	½株
水	300mℓ
冷凍うどん	1玉
めんつゆ(3倍濃縮)*	大さじ2½
けんちん汁用野菜ミックス	⅓袋(110g)
木綿豆腐	⅓パック(50g)

作り方

1 小松菜は3cm長さにちぎる。
2 鍋に分量の水を沸かし、冷凍うどんを入れて解凍するまでゆでる。めんつゆ、野菜ミックス、**1**を入れ、豆腐をスプーンですくって加え、野菜がやわらかくなるまで煮る。

＊市販のうどんつゆを利用してもよいでしょう。

 注目の栄養素 | 糖質 66.2g | カルシウム 139mg | ビタミンA 509μg

みそおにぎり

材料／1人分

ごはん	100g
みそ	大さじ½
焼きのり	1枚

作り方

ごはんをラップで包んでにぎり、表面にみそを塗り、のりを巻く。

 注目の栄養素 | 脂質 0.9g | 糖質 38.4g

試合後の栄養補給と翌日の朝食

1 試合後の回復に必要な栄養素

❶糖質とたんぱく質の摂取

　試合では、エネルギーをはじめ、ビタミンやミネラルなどさまざまな栄養素を消費しています。試合後の食事は、試合で消費したエネルギーや栄養素を補い、回復することを意識します。特に、筋グリコーゲンを消費している状態です。グリコーゲンはその後の練習などでも重要になるため、早めに回復させることが必要です。グリコーゲンを回復させるためには、主食になるごはんやパンなどをとり入れて糖質をしっかりとれるように意識しましょう。

　また、筋肉などの体のたんぱく質を回復させることも必要です。たんぱく質を補給するためには肉や魚、卵などの主菜をとり入れましょう。糖質やたんぱく質は、試合後なるべく早くとることにより、回復が早まるといわれています。帰宅までに時間がかかる場合など、試合会場での補給ができるように補食として事前に準備をして持参するとよいでしょう。

試合後の補食例

❷夕食と朝食で回復を

　試合後すぐは、補食で糖質やたんぱく質を補給し、その後の夕食ではバランスよく食事をとることが大切です。夕食だけではなく、次の日の朝食でも食事内容を意識することで、1食では

とりきれなかった栄養素の補給や次の日のコンディショニングにも役立ちます。

　ビタミンやミネラルは、体の回復にも欠かすことのできない栄養素です。「アスリートの食事の基本形」をそろえることで、必要な栄養素をとりやすくなります。

2 試合翌日の朝食の注意点

❶朝食からの栄養補給を大切に

　試合当日の補食や夕食に続いて、翌日の朝食でも回復を意識した食事を考えましょう。前日から引き続き、糖質とたんぱく質が不足しないように注意します。欠食することなく、朝食でもしっかり栄養補給をしましょう。

❷食欲がない時も工夫をして

　試合の疲れから消化吸収の機能が弱まることも考えられます。翌日になっても、朝はあまり食欲がわかないこともあるでしょう。そのような時には、自分が食べやすい食品でエネルギーや栄養素をとるように工夫してみることもひとつです。

　たとえば、ごはんでもおにぎりや、味のついた混ぜごはんにすることで食べやすくなることもあります。お茶漬けや雑炊なども食べやすい一品です。また、パンであれば食パンだけでなくサンドイッチやハムやチーズをのせたトーストにすると、食べやすく栄養のバランスも整いやすくなります。汁物も食べやすくさまざまな具材を入れてやわらかく煮れば食欲のない時でも活用できます。ふだんから、自分の食欲がない時には、どんなものであれば食べやすいのかを考えておくとよいでしょう。

献立例 ▶ 作り方p.90

試合後の朝食MENU

- サケ青じそ茶漬け
- 豚肉とキャベツの重ね蒸し
- さつま芋の甘煮
- 牛乳 ● キウイフルーツ

979 kcal

 注目の栄養素 | たんぱく質 38.2g | 脂質 22.4g | 炭水化物 152.4g

組み合わせのポイント

糖質をしっかり補給し、早めのリカバリーを心がけましょう。疲れて食欲がないときは、お茶漬けや雑炊などを優しい味つけにすればごはんも食べやすくなります。豚肉のビタミンB群、さつま芋のビタミンCでビタミン類もしっかりとることによって疲労感を回復し、コンディションを整えます。

献立レシピ
p.89

サケ青じそ茶漬け

材料／1人分

ごはん	250g
サケフレーク	10g
お茶漬けの素	1人分
熱湯	150mℓ
青じそ	2枚

作り方

器にごはんを盛り、サケフレークをのせてお茶漬けの素をかけ、熱湯を注ぐ。 青じそをちぎって散らす。

注目の栄養素 ▶ 糖質 95.1g ／ ビタミンD 3.9μg

452 kcal ／ 5分以内 ／ 加熱なし ／ 包丁いらず

241 kcal ／ 電子レンジのみ ／ 包丁いらず ／ お弁当

豚肉とキャベツの重ね蒸し

材料／1人分

豚薄切り肉	80g
キャベツ	100g
水菜	30g
好みのたれ(ごまだれなど・市販品)	適量

作り方

1 キャベツは食べやすい大きさに、水菜は食べやすい長さにちぎる。
2 耐熱容器に**1**の半量、豚肉⅓量の順に広げながら重ね、残りも同様に層になるように重ねる。 ラップをかけて電子レンジで3分ほど加熱する。 取り出して肉が生っぽい場合は、追加で30秒ずつ加熱する。 好みのたれをかける。

注目の栄養素 ▶ たんぱく質 19.9g ／ ビタミンB₁ 0.82mg ／ ビタミンC 58mg

さつま芋の甘煮

材料／1人分

さつま芋		60g
A	水	100mℓ
	砂糖	小さじ2
	しょうゆ	小さじ1強

作り方

1 さつま芋は皮つきのまま1cm厚さの輪切りにする。
2 鍋に**1**、**A**を入れ、ふたをして中火にかけ、さつま芋がやわらかくなるまで5分ほど煮る。

注目の栄養素 ▶ 脂質 0.3g ／ 糖質 25.1g

キウイフルーツ 1人分・1個

牛乳 1人分・200mℓ

114 kcal ／ お弁当

おすすめレシピ

かき玉うどん&カリカリ梅とツナの混ぜごはんセット

材料／1人分

＜かき玉うどん＞
冷凍うどん ………… 1玉
玉ねぎ …………… ⅕個
卵 ……………………… 1個
おろししょうが（チューブ）
 ………………… 1cm

A [水 …………… 300ml
 めんつゆ（3倍濃縮）
 …… 大さじ1⅔強]
B [水 …………… 小さじ2
 かたくり粉… 小さじ1]
カット長ねぎ ……… 適量

743 kcal

作り方
1 玉ねぎは1cm幅に切る。卵は溶きほぐす。
2 冷凍うどんは袋の表示どおりに電子レンジで解凍し、器に盛る。
3 鍋にAを入れて中火にかけ、玉ねぎとしょうがを入れ、玉ねぎがやわらかくなるまで煮る。混ぜ合わせたBを加えてとろみをつけ、溶き卵を流し入れ、卵が好みのかたさになるまで煮る。
4 2に3をかけ、長ねぎをのせる。

＜カリカリ梅とツナの混ぜごはん＞
ごはん …………… 150g
ツナ缶詰（油漬け）
 ……… ⅓缶弱（20g）
青じそ ………………… 4枚
A [カリカリ梅ふりかけ* 2g
 シラス干し… 大さじ1
 いり白ごま… 小さじ1
 しょうゆ…… 小さじ½]

作り方
1 ツナは汁けをきる。
2 ごはんに青じそをちぎって入れ、1、Aも入れて混ぜる。

注目の栄養素 | たんぱく質 24.9g | 糖質 120.6g | 食物繊維 3.6g

カリカリ梅ふりかけ
*梅の酸味で、食欲がないときでも食べやすくなります。

がんもどきと小松菜のさっと煮

156 kcal 包丁いらず お弁当

材料／1人分
がんもどき… 小5個（60g）
小松菜 ……………… 2株
A [水 ………… 100ml
 めんつゆ（3倍濃縮）
 ………… 小さじ2弱]

作り方
1 小松菜はキッチンバサミで5cm長さに切る。
2 鍋にAを入れて中火にかけ、煮立ったらがんもどき、1を入れ、落としぶたをして5分ほど煮る。

*アルミホイルをくしゃっとしてから広げると落としぶたになります。

注目の栄養素 | カルシウム 249mg | 鉄 3.7mg | ビタミンA 130μg

オフ期の朝食

1 オフ期とは

　長期間にわたってトレーニングを行わない、またはトレーニング量が通常と比べて少なくなるオフ期は、練習の負荷や精神的重圧から心身を解放し、リラックスやリフレッシュをしながら次のステージに備える時期です。

　オフ期を無計画に思いのまま過ごしてしまうと、筋肉の減少、体脂肪の増加、体力の低下などをもたらし、それまで鍛えた体がリセットされることもありえます。これでは、トレーニングを始めた時に思うように動けず、もとのコンディションまで戻すのに時間がかかり、次のシーズンに悪影響を及ぼしてしまいます[54]。充実したシーズンを迎えるために、オフ期をどう過ごすかは非常に重要となります。

2 オフ期のポイント

　トレーニングが少なくなるオフ期の場合、トレーニング期と同じ量の食事を食べていてはエネルギーのとり過ぎとなり、過剰なエネルギー分は脂肪として蓄えられてしまいます。オフ期の食事では、活動量に見合った食事をとることが非常に大切となります。

　オフ期を過ごす上で、体重の増減を継続して測定することはコンディション管理に役立ちます[36]。オフ期は練習量の減少によるものだけでなく、生活習慣の乱れや食環境の変化、また日常的に緊張感をもって練習をしている選手の場合、張りつめていた緊張がほぐれ吸収能力が上がり体重が増えることがあるため、短期間の体重変動が激しくならないよう注意しましょう。

　冬場であればクリスマスやお正月など家族や友人と過ごす避けられないイベントが多くなり

ます。そこで重要なのが、暴飲暴食を続けないことです。たとえば、今夜は親戚の集まりがあるなど前もって予定が決まっているのであれば、お昼に食事量を少なくする、翌日の食事を工夫するなど、前後の食事で調整するとよいでしょう。菓子類やジュース類などのとり過ぎも体脂肪が増える原因となるため注意が必要です。

　ふだん食べられない特別な食事を楽しみつつも、オフ期で必要な栄養素を確保するためには、日ごろから「アスリートの食事の基本形」をそろえることが非常に重要です。私たちの体は食べたものからできており、日々古いものから新しいものに入れ替わっているため、オフ期の食事が、その後のシーズンインに大きく影響を及ぼします。運動量が減った分の食事量を調整する場合、なにか1品減らすのではなく、トレーニング期同様、「アスリートの食事の基本形」をそろえることは変えず、主食と主菜の量を少しずつ減らすように心がけましょう。

3 朝食摂取の重要性

　オフ期は、生活習慣が乱れやすく朝食を欠食してしまう選手がたくさんいます。また、トレーニングがなくなる分、朝食を食べずにエネルギー調整すればよいと考える選手も少なくありません。

　しかし、朝食を欠食すると、食事の回数や時間がバラつくことによって、体は体脂肪をためこみやすくなってしまいます[55]。また、3食のうち1食でも欠食をしてしまうことで、残りの食事で1食分を補うのは非常にむずかしくなってしまいます。

　オフ期の食事においてもトレーニング期同様、朝食からいろいろな食品をそろえた食事をとり、コンディションをよくしておくことが、次のシーズンを迎えるためのカギとなるでしょう。

献立例 ▶ 作り方p.94

オフ期の朝食MENU

- ●ホットケーキプレート
- ●ヨーグルト
- ●グレープフルーツ

882 kcal

注目の栄養素	たんぱく質 33.5g	脂質 22.1g	炭水化物 136.6g

組み合わせのポイント

ホットケーキは脂質が少なく糖質源となります。冷凍保存も可能なため、補食としても便利です。また、生地には水ではなく牛乳を使うとたんぱく質やカルシウムの摂取量が上がります。写真のように盛りつけると糖質やたんぱく質、ビタミン、ミネラルまでとれるワンプレートになります。

p.93 献立レシピ

794 kcal

ホットケーキ プレート

材料／1人分

＜ホットケーキ＞
ホットケーキミックス········· 150g
A ┌ 卵 ······························· 1個
　 └ 水 ··························· 100mℓ

＜つけ合わせ＞
じゃが芋 ························· 20g
サラダ油 ·················· 小さじ1/2
卵 ································· 1個
A ┌ ベビーリーフ ····· 1袋 (40g)
　 ├ ハム ·························· 1枚
　 └ ミニトマト ··············· 1個
塩 ······················· ひとつまみ
あらびき黒こしょう ····· ひとふり
好みのドレッシング（市販品）
····························· 適量

注目の栄養素 | たんぱく質 29.3g | 糖質 113.9g | ビタミンB₂ 0.72mg

作り方

1 ボールにホットケーキミックス、Aを入れてよく混ぜる。
2 つけ合わせ用のじゃが芋は皮つきのまま5mm厚さの薄切りにする。
3 フライパンを熱し、弱火にして**1**を半量ずつ円形に流し入れ、あいた所に**2**を入れる。ホットケーキは表面にプツプツ穴があき始めたら裏返し、もう片面をこんがり焼いて取り出す。じゃが芋はこんがり焼けたら裏返し、火が通ったら取り出す。
4 フライパンにサラダ油を入れ、卵を割り入れて目玉焼きを作る。
5 器にホットケーキを盛り、**A**、じゃが芋、目玉焼きを添える。じゃが芋と目玉焼きには塩、こしょうをふり、ベビーリーフにドレッシングをかける。

ヨーグルト（脱脂加糖） 1人分・75g

グレープフルーツ 1人分・½個

おすすめレシピ

豆腐となすのだし煮

材料／1人分

木綿豆腐	1パック（150g）
なす	1本
A　水	100mℓ
めんつゆ（3倍濃縮）	小さじ1
B　水	小さじ2
かたくり粉	小さじ1
カット青ねぎ	少々

作り方

1 耐熱容器にペーパータオルで包んだ豆腐を入れ、ラップをせずに電子レンジで2分ほど加熱し、ペーパータオルを取り除く。なすはへたを取り、乱切りにする。

2 鍋にAを入れて中火にかけ、煮立ったら**1**を入れ、豆腐を鍋の中で菜箸で4等分に切って煮る。なすに火が通ったら、豆腐だけを器に盛る。

3 鍋に混ぜ合わせたBを加えてとろみをつけ、**2**にかけ、青ねぎをのせる。

146 kcal

注目の栄養素 ｜食物繊維 2.4g｜ カルシウム 147mg｜ 鉄 1.7mg

135 kcal

ギョウザと青梗菜の キムチスープ
（ちんげんさい）

材料／1人分

ギョウザ	3個
もやし	30g
青梗菜	½株（20g）
水	200mℓ
A　白菜キムチ	20g
顆粒中華風だし	小さじ⅓

作り方

1 青梗菜は3cm長さに切り、根元は4等分に切る。

2 鍋に分量の水を沸かし、ギョウザ、もやし、**1**を入れて煮る。野菜とギョウザに火が通ったら、**A**を加えてさっと煮る。

注目の栄養素 ｜糖質 13.9g｜ 鉄 1.0mg

遠征・合宿時の朝食

遠征や合宿または大会試合などでは、ホテルや旅館に宿泊し、慣れない環境で過ごします。このような環境下で実力を発揮するためには、コンディションのよい状態でトレーニングや試合に臨めるように、食事の環境を整えることが重要です。そのため、事前に遠征先、合宿先の状況確認や食情報の収集を行い[26]、対応可能項目をリストアップしておく必要があります。

1 遠征時の食事のポイント

❶バランスのよい食事ができるよう交渉する

できるかぎり副菜や果物などもそろえたバランスのよい食事がとれるように、宿泊先に食事内容の依頼をするとよいでしょう。事前に宿泊先から食事メニューを入手し、可能な範囲で食事メニューの変更を交渉したり、公認スポーツ栄養士に交渉を依頼するのも方法です。食事内容が不十分な場合は、補食をチームまたは自分で用意しましょう。

❷安全・安心が第一

食事を選択できる場合は、新鮮で食べ慣れた食品を選びましょう。自炊できる場合は、調理したものは長時間放置せずすぐに食べ、食中毒の起こりやすい刺身など生ものは避けましょう。

❸海外遠征時の食事

国内遠征時と同様ですが、より事前の情報収集が大切です。特に、衛生状態、現地で入手できる食品、入手できない食品について詳細な情報が必要となります。

衛生状態が悪い場合は、水道水からの生水は飲まないようにし、ミネラルウォーターを購入することが大事です。カットされた生野菜やフルーツなどに付着している生水にも注意しましょう。

また、入手できない場合は、持参する食品を用意します。体調不良になったときのために、

日本の食材やサプリメントを持参しましょう。レトルトごはんやおかゆ、インスタントみそ汁などもおすすめです。

また、時差の大きい地域に向かう場合は、事前に食事と睡眠時間を現地時間に合わせて生活しておくと、心身ともに早く適応できます。

2 朝食のポイント

❶バイキング形式の場合

まずは提供されている料理の種類を確認し、どれを選択するかイメージを思い浮かべてから選んでいきましょう。主菜ばかりをとり過ぎず、主食量を十分にとるように注意しましょう。

❷定食形式の場合

主菜などの追加注文はできない場合が多いので、主食で調節できるよう事前に宿泊先等にお願いしておくとよいでしょう。また、果物、乳製品が用意されない場合も多いので、対応可能であれば宿泊先にお願いし、それがむずかしければ自分で持参しましょう。

❸補食で調整する

宿泊先では食事時間が決められており、試合などのスケジュールと合わない場合があります。試合の3〜4時間前に朝食が食べられるのがベストですが、それがむずかしい場合は、食事量を調節したり、補食を活用します。宿泊先や試合会場近辺のスーパーマーケットやコンビニエンスストアで補食が買えるかどうかを事前に調べておきます。購入できないようであれば持参しましょう。

❹試合前日のみ宿泊の場合

主食をしっかりとることを第一優先にして、消化吸収のよいものを摂取するようにしましょう。野菜や乳製品は各自で調整しましょう(p.80「試合前調整期」、p.84「試合当日」参照)。

アスリートの
コンビニ活用術

一人暮らしの場合、食事を作ることが
面倒になることもあるでしょう。
朝食が作れない時は、
手軽に購入できるコンビニエンスストアを
利用することも一案です。

1 食事の基本形を意識しよう

❶主食、主菜、副菜、牛乳・乳製品、
果物をそろえるように心がける

できるだけ「アスリートの食事の基本形」に近づけて選びましょう。コンビニには乳製品は常備されていますが、果物は販売されていない場合もあります。その時は果汁100%ジュースや野菜ジュースなどで代用します。

❷お弁当は幕の内弁当がおすすめ

コンビニで販売されているお弁当は、脂質が多く、副菜が少ない場合が多いので、比較的脂質が少なく、多種類の食材が含まれている幕の内弁当を選びましょう。お弁当だけでは不足する乳製品や果物は、追加購入します。

2 単品の選び方

「アスリートの食事の基本形」をコンビニの単品ですべてそろえようとすると、たとえば、主食におにぎり3個、主菜に焼き鳥、サラダチキン、副菜に豚汁、ポテトサラダ、牛乳、バナナなどと品数が多くなります。幕の内弁当に、不足する乳製品や果物を購入する場合よりも購入金額が高くなってしまいます。できるかぎり自宅や寮で朝食をすませ、不足したものをコンビニの単品で補うようにしましょう。

❶主食（糖質）

コンビニで販売されているおにぎりは1個約100gです。必要な分量と個数を考えましょう。

デニッシュペストリーなどの菓子パンは、脂質の含有量が多いため、主食としてパンを選択する場合は、脂質含有量の少ない食パンなどを購入します。特に、具の充実したサンドイッチ、総菜パンなどはおすすめです。

❷主菜（たんぱく質）

コンビニで購入できるたんぱく質源として、鶏のから揚げなどの揚げ物があります。脂質は消化に時間がかかるため、試合直前の朝食にはおすすめしません。また脂質のとり過ぎは体脂肪の増加を促します。体重を増やしたい場合は、鶏のから揚げや豚カツ弁当などもよいですが、筋肉量を増やしたい場合は、鶏のから揚げよりも焼き鳥などをおすすめします。

そのほかたんぱく質源として、サラダチキン、乳製品（牛乳、ヨーグルト、チーズなど）、豆乳、かまぼこ、ゆで卵、缶詰など、その場で手軽に食べることができる食品も数多くあります。朝食でのたんぱく質摂取量が少なかった場合に、コンビニで食品を補うことも活用術のひとつです。

3 栄養表示を確認しよう

容器包装に入って販売されている食品には、栄養成分表示が義務づけられています。エネルギー、たんぱく質、脂質、炭水化物、食塩相当量が表示されています。どれだけの栄養成分を含んでいるのか、確認して購入する習慣をつけましょう。栄養成分表示には「1個あたり」と「100gあたり」があるので注意します（図14）。栄養成分表示とともに原材料名も確認します。原材料名は、使用した原材料が占める重量の割合の高いものから順に表示されています。

品質が急速に劣化する加工食品には「消費期限」、それ以外の食品には「賞味期限」が記載されています。体調不良を起こさないよう、期限を確認しましょう。アレルギーのある場合は、アレルギーのある食品項目およびアレルギー表示をかならず確認しましょう。

好きなものや食べたいものだけを購入するのではなく、自分の体に必要かどうかをつねに考えながら食品を選択することが大切です。

図14 栄養成分表示の例（製品1個あたりの標準値）

エネルギー	308 kcal	炭水化物	61.7 g
たんぱく質	3.8 g	食塩相当量	1.2 g
脂質	5.1 g		

コンビニでそろう 朝食の献立パターン

コンビニ商品でも「主食、主菜、副菜、牛乳・乳製品、果物」がそろった「食事の基本形」は整えられます。
基本の組み合わせから
700kcal、1000kcalへの展開例を参考に、
自分に合った商品を選びましょう。

基本のごはん献立

おにぎりを主食にした献立です。主菜は卵焼き、副菜はポテト&ロースハムサラダで、牛乳とみかんを加えます。

- ●おにぎり2個(サケ、昆布)
- ●厚焼き卵
- ●ポテト&ロースハムサラダ
- ●牛乳
- ●みかん

841kcal

たんぱく質 31.2g
脂質 28.3g
炭水化物 115.7g

⟳change 700kcalに

厚焼き卵 を サラダチキン に ⟳change

牛乳 を 低脂肪乳 に ⟳change

200mlで **134kcal** → 200mlで **92kcal**

633kcal

たんぱく質 33.0g	脂質 7.7g	炭水化物 108.5g

POINT
❶主菜の卵焼きは、エネルギーの低いサラダチキンや冷奴、ゆで卵などに変更。
❷牛乳は、低脂肪乳に変更。

+plus 1000kcalに

おにぎり2個 に
+plus
サンドイッチ
(レタス、ハム、チーズ)

副菜に
+plus
切り干し大根の煮物

1103kcal

たんぱく質 41.7g	脂質 39.3g	炭水化物 147.3g

POINT
❶主食を増やす→おにぎり2個+サンドイッチに。おにぎり2個を3個にしてもOK。
❷副菜を増やす→ポテト&ロースハムサラダ+切り干し大根の煮物に。好みのお浸しや煮物(里芋など)、サラダでもOK。

基本のめん献立

うどんを主食にした献立です。主菜は温泉卵、副菜はハムと野菜のマカロニサラダで、ヨーグルトとバナナを加えます。

- ●ぶっかけうどん
- ●温泉卵
- ●ハムと野菜の
  マカロニサラダ
- ●ヨーグルト
- ●バナナ

849kcal

たんぱく質 31.4g
脂質 19.9g
炭水化物 138.7g

---

change 700kcalに

マカロニサラダ を 海藻サラダ に change

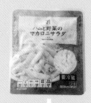

718kcal

たんぱく質 29.3g	脂質 11.1g	炭水化物 138.3g

POINT
エネルギーを抑えるために、マヨネーズであえてある副菜を、海藻サラダに変更。ノンオイルドレッシングにするとさらにエネルギーカットに。

＋plus 1000kcalに

ぶっかけうどん に
＋plus
おにぎり

1033kcal

たんぱく質 36.7g	脂質 21.5g	炭水化物 175.9g

POINT
主食を増やす→ぶっかけうどん＋おにぎりに。必要なエネルギーが1000kcalを超える場合、めんだけでは十分な糖質量が確保できないため、おにぎりなどをプラス。

コンビニ商品で簡単チャージ

毎日コンビニ商品で基本形をそろえるのは金銭的にも大変です。ここでは足りないものだけをコンビニでそろえられるように「糖質」「たんぱく質」「ビタミン・ミネラル」のカテゴリーに分けて商品を紹介します。

糖質がとれる食品

ごはん

ごはんは電子レンジで加熱するだけで食べられるパックごはんやおにぎりなどがあります。おにぎりの具は定番の梅干しや昆布、たんぱく質源にもなるサケやツナなど種類が豊富です。

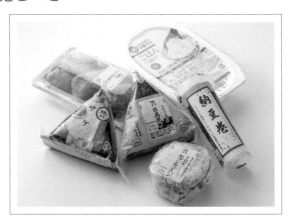

パンやめん

菓子パンはエネルギーが高く、脂質が多くなっています。たんぱく質と野菜がとれるサンドイッチや具の多い調理パンがおすすめです。めんの場合は、アスリートに必要な糖質量を確保できない可能性もあるため、おにぎりを1個追加するなどしてしっかりと糖質を確保しましょう。

副菜

マカロニや春雨が入ったサラダやスープ、芋類を使った料理も糖質源になります。1日に必要なエネルギー量が多い場合は、これらを副菜として取り入れましょう。また、果物はビタミンCだけでなく手軽な糖質源になるので、アスリートは毎食、果物をとるようにしましょう。

たんぱく質がとれる食品

1食パックもの

納豆や豆腐、ゆで卵や煮卵も1人分や1食分ずつ小分けになっているので便利です。また、牛乳・乳製品はカルシウムだけでなくたんぱく質もとることができます。

缶詰

魚の缶詰は、骨ごと入っているものが多いため、たんぱく質だけでなくカルシウムやビタミンDもとることができます。 缶詰は、保存期間も長いのでストックしておくと便利です。

サラダチキン系

サラダチキン、サラダフィッシュは、脂質が少なく、高たんぱく質です。 味、量、形状の違いなど種類が豊富なので、必要に応じて選びましょう。

ビタミン・ミネラルがとれる食品

副菜

サラダや煮物、具だくさんスープなどがありますが、緑黄色野菜が入っている商品を選びましょう。

牛乳・乳製品

カルシウムやたんぱく質の補給のため、毎食とるようにしましょう。また、果物入りや通常よりもたんぱく質が多いヨーグルトなどは、練習後の補食にも活用しましょう。

果物

果物や100％果汁ジュースは、糖質やビタミンCを手軽にとることができます。 最近は、冷蔵や冷凍のカットフルーツもあるのでチェックしてみましょう。

実践形式のワークショップで見直す自分の朝食
～早稲田大学スポーツ医・科学クリニックのサポート事例②～

多くの選手が朝食に課題あり

　大学生になり一人暮らしを始め、食事の準備に苦戦しているという話をよく耳にします。時間のない朝の食事は特におろそかになりがちのようです。早稲田大学ア式蹴球部女子部でも選手に食事調査を実施した結果、朝食に課題がみつかりました。朝食を食べていない人、食べていても主食だけなど内容が乏しい人、食事の量が極端に少ない人など。その中でも、主食の量が少なく十分に糖質を確保できていない選手が多くみられました。

　そこで、公認スポーツ栄養士が「自分に必要なエネルギー量を知る～簡単朝食でしっかり糖質補給！～」と題してワークショップを開催しました。

実際におにぎりを握ってみました

　ワークショップでは、はじめに朝食および糖質摂取の重要性や「アスリートの食事の基本形」についての講義を行いました。その後、自分の1日の推定エネルギー必要量と糖質量および、1食で必要なごはん量を計算し、実際にごはんの量を計って、おにぎりを握ってもらいました。

　さらに「簡単朝食」として、主食のおにぎり、主菜と副菜を兼ねた具だくさんの豚汁、牛乳、果物のモデル献立を示し、栄養バランスのよい朝食となることを伝えました。選手からは、「おにぎりにしたら思っていたより少なかったから食べられそう」「今まで食べ過ぎを心配していたけど、必要量がわかったので安心してしっかり食べたい」などの声が上がりました。

　今回のセミナーが選手達の食事に対する意識を高めるきっかけのひとつとなりました。

ワークショップでアスリートの食事の講義を受ける

自分に必要な糖質量を計算して、おにぎりを作る

「これが私の適量です」とおにぎりを持ってにっこり

2019年戦績
- 全日本大学女子サッカー選手権大会　準優勝
- 関東女子サッカー選手権大会　優勝（3年連続）
- 関東大学女子サッカーリーグ1部　準優勝
- 関東女子サッカーリーグ1部　優勝（11年連続）

COLUMN 03

パフォーマンス向上へつながった朝食摂取

～早稲田大学バレーボール部 男子部の取り組み～

　早稲田大学バレーボール部 男子部では、公認スポーツ栄養士による定期的な栄養サポートを実施しています。選手はトレーニング前後の食事に意識が向きがちですが、1日のスタートである朝食の重要性について指導を受けることによりコンディショニングとパフォーマンス向上につなげています。

　近年は食事面について上級生が下級生にアドバイスをする場面も増え、よい循環が生まれています。ここでは、2名の選手の事例をご紹介します。

　実家暮らしのＡ選手は、朝起きることが苦手で、朝食を食べないことがたびたびありました。そこで、朝食を習慣化できる方法を選手と話し合い、毎朝食事の写真を撮影し栄養士へ送る方法を試してみました。はじめは寝坊して朝食を抜いたり、摂取する時間や量にはばらつきがありました。それが、1カ月、2カ月……と継続していくことで摂取する時間が一定となり、食事量も増え、必要なエネルギー量を摂取できるようになりました。 選手の意識の改革と保護者のかたのご協力もあり、理想的な習慣が身につき、写真を送らなくなっても継続できるようになりました。

　一人暮らしのＢ選手は、入学当初寮生活をしていましたが、途中から一人暮らしを始めました。 食事つきの寮とは違い、すべての食事を自分で準備しなければなりません。 一人暮らしを始めたばかりのころの朝食は、トーストやコーンフレークだけですませていました（写真①）。それから2年後、常備する食品や冷凍保存を工夫することでアスリートの食事の基本形を意識した食事をそろえることができるようになりました（写真②）。

　両選手とも朝食の質が向上したことで、体調が安定し、パフォーマンス向上へつながっています。

栄養指導の風景

朝食①一人暮らし当初

朝食②一人暮らしから2年後

2019年戦績
- 秩父宮賜杯全日本バレーボール大学男子選手権大会　優勝（3年連続）
- 春季および秋季関東大学男子1部　バレーボールリーグ戦　優勝（2017年秋季から5季連続）

Q&A

選手やその家族から寄せられた疑問にお答えします

Q 一度にたくさん食べられない場合の食事の工夫を教えてください。

1日のエネルギー量が多くなると3食だけでは補うことがむずかしいことがあります。その場合は補食をじょうずに活用しましょう。補食とはお菓子のような嗜好品とは違い、3食の食事ではとりきれない栄養素を補うことのできる食品や料理を指しています。

たとえば、おにぎり、パン、バナナはエネルギー源となる糖質が、牛乳やヨーグルトはカルシウムやたんぱく質などが補給できます。朝練の時間が早く朝食が十分に食べられない場合は朝練後に不足した分をとるようにしましょう。朝練前後に補食をとり入れることで練習中のエネルギー確保や練習後のリカバリーになるという利点もあります。

また、食べやすくする工夫として、炊き込みごはんなどの味つきごはんをとり入れたり、そうめん汁（p.49参照）やスパゲティサラダ（p.28参照）のようにめん類を副菜にとり入れたりすると、エネルギーが確保しやすくなります。野菜であれば加熱をすることにより生野菜よりも多くの量をとることができます。具だくさんスープなどにすると朝食でも野菜が食べやすくなります。

Q 練習や習いごとで帰宅時間が遅いことが多いのですが、食事はどのようなことに気をつけたらよいですか？

アスリートは練習で使われたグリコーゲンを回復し分解された体内のたんぱく質をつくるために、糖質やたんぱく質の摂取が重要になります。時間がなく「アスリートの食事の基本形」（主食＋主菜＋副菜＋牛乳・乳製品＋果物）のすべてをそろえることがむずかしい時は、少なくとも主食と主菜は食べるように

しましょう。

また、夕食の量が多すぎたり、油が多い食事をしてしまうと、翌朝の食欲がわかず朝食が食べられないということも考えられます。帰宅時間が遅くなる日は揚げ物などの油を多く使った料理は控え、消化のよい食事にするとよいでしょう。練習直後に補食のおにぎりを食べ、帰宅してから残りの分のおかずを食べることもひとつの方法です。

帰宅してすぐに夕食を食べられるように、調理をせずに食べられる食品や作り置き、冷凍保存した料理などを常備しておくこともおすすめです。本書で紹介しているレシピは時間のない朝におすすめの時短・簡単レシピとなっていますので、時間のない日の夕食にも応用できます。

Q 牛乳を飲みすぎると太ると聞きますが、飲みすぎはよくないのでしょうか？また、豆乳は代わりになりますか？

牛乳・乳製品は非常に重要なカルシウム源です。アスリートに必要なカルシウム量はおおむね1000mg/日とされており、この量を牛乳だけでとろうとすると1日にコップ5杯程度になります（コップ1杯を200mℓとした場合）。実際には、ヨーグルトやチーズなどの乳製品、小魚、青菜などにもカルシウムは含まれるので、牛乳は毎食コップ1杯程度を目安に1日500～600mℓを摂取するとよいでしょう。減量中であれば低脂肪乳や脂肪ゼロのヨーグルトなどのエネルギーや脂質量の少ない乳製品を選ぶようにしましょう。

コップ1杯中（200mℓ）に含まれるカルシウム量は牛乳が220mgですが、豆乳は商品により大きく異なり、カルシウム補給が目的の場合は、豆乳では代わりにならないものもありますので、表示を見て選んでください。また、鉄補給が目的の場合は、豆乳の方が多くの鉄を含んでいます。牛乳と豆乳は栄養成分が異なる食品として考えるようにしましょう。

Q 周りの人より食べるスピードが速いのが気になります。 理想的な食べるスピードや食べる順番はありますか?

食べるスピードが速いほど肥満になりやすいことがわかっており[56]、糖尿病にもかかりやすいという報告もあります[57]。 食べるスピードが速いと満腹中枢が働く前に適正量以上に食べ過ぎてしまうことや、早食いの人ほど食物繊維の摂取量が少ない傾向にあるという報告から[56]、これらが肥満になりやすい原因になっていると考えられています。このことから、食べるスピードが速いと、今現在の問題だけでなく将来的に肥満になりやすくなる可能性があります。また、肥満予防のためだけではなく、食事は家族だんらんの時間や食育の場としてできるだけゆっくりと楽しく味わうことが大切で、周りの人と食べるスピードを合わせることもマナーのひとつです。

食べる順番については「野菜から先に食べた方がよい」と聞いたことがあるかもしれませんが、これは糖尿病予防などの観点から血糖値の上昇を緩やかにすることを期待した方法です。アスリートの場合、食事をとって血糖値を上げることがグリコーゲンの回復にもつながりますから、特に気にする必要はないと考えられます。

Q 背を伸ばしたい、 筋肉をつけたい時、プロテインがよいと聞いたことがあります。 プロテインやサプリメントは積極的にとっても大丈夫でしょうか?

サプリメントは不足している栄養素を補うことを目的とするもので、プロテインはおもにたんぱく質の補給を目的としたサプリメントの一種です。サプリメントは決して食事の代わりになるものではなく、必要な栄養素が充足している場合には摂取する必要はありません。また、体づくりのためにはたんぱく質の摂取とトレーニングを組み合わせることが必要です[58]。まずは適切なたんぱく質摂取量を知った上

で、日常の食生活を見直すことを第一優先に考えましょう。

プロテインに限らずサプリメントは、手軽に栄養素をとれて便利であると安易に使われることもあります。しかし、特定の栄養素をたくさんとり続けることで過剰症を起こす可能性があることや、ドーピング禁止物質が入っている危険性があるため注意が必要です[59]。 使用にあたっては公認スポーツ栄養士やスポーツドクターに相談してください。

サプリメントの活用方法として、たとえば海外遠征の際に衛生面が心配で安全な食材が手に入らない時や、体調不良等で食事が食べられなくなってしまった時、競技のために減量が必要な時はビタミン、ミネラルの不足など栄養バランスがくずれやすいため、サプリメントが有効となる場合もあります。

Q 練習の疲れが取れず、 練習中に体がフラフラすることがよくあります。 これって貧血ですか?

だるさや疲れやすさの原因はエネルギー不足や栄養素の不足が考えられます。まずは自分の推定エネルギー必要量を計算してみましょう(p.65参照)。その上で「アスリートの食事の基本形」(主食+主菜+副菜+牛乳・乳製品+果物)がそろうように食事内容を見直します。 特にごはんに含まれる糖質は筋肉や脳を動かす主要なエネルギー源なので、不足すると持久力の低下や疲れの原因となります。 減量中であっても主食の量を極端に減らすことはせず、間食も含めた1日の食事内容を整えることから始めましょう。

適切なエネルギーを確保し食事を整えても症状が改善しない場合は、貧血の可能性があります。 貧血の中で最も多くみられる鉄欠乏性貧血は、血液中の赤血球数とヘモグロビン濃度が減少することで酸素の運搬能力が弱くなり、持久力の低下、疲れやすさ、めまいなどの症状を引き起こします。 貧血改善のための食事のポイントは、鉄の摂取量を確保することです。 鉄といっしょにたんぱく質やビタミンCを摂取すると鉄の吸収率が高まります(p.70参照)。 症状がひどい場合には食事の改善と同時に、病院で血液検査を行い医師の指示を受けるようにしましょう。

朝食献立組み合わせ例

本書で紹介したおかずを組み合わせれば、栄養バランスの整った朝食献立の
バリエーションが広がります。主食の種類別に10パターンの朝食例を紹介します。

アスリートは主食・主菜・副菜を組み合わせるだけでなく、毎食、乳製品と果物をとりましょう。
牛乳・乳製品と果物はそれぞれ1種類を選びます。
どの献立も、その時にある材料で作れるおかずに変えてもOK。

<組み合わせのポイント> ・ヨーグルトと果物を合わせてフルーツヨーグルトにすると食べやすくなります。
・脂質を抑えたい人は「低脂肪乳」を選びましょう。
・手軽にエネルギーや糖質をとりたい時は、バナナが便利です。

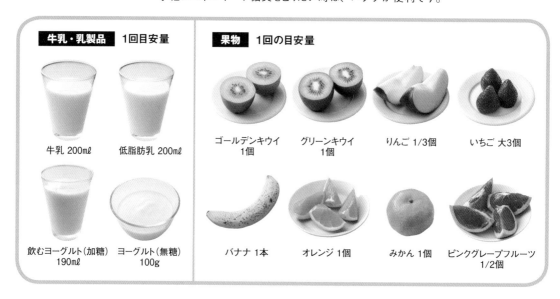

牛乳・乳製品 1回目安量

牛乳 200mℓ　低脂肪乳 200mℓ

飲むヨーグルト(加糖)
190mℓ　ヨーグルト(無糖)
100g

果物 1回の目安量

ゴールデンキウイ
1個　グリーンキウイ
1個　りんご 1/3個　いちご 大3個

バナナ 1本　オレンジ 1個　みかん 1個　ピンクグレープフルーツ
1/2個

ごはんの献立例①

エネルギー 839kcal	たんぱく質 31.4g	脂質 14.0g	炭水化物 144.0g

主食

ごはん 300g

主菜

五目納豆
作り方 p.25

主菜 ＋ 副菜

卵とえのきの
即席みそ汁　作り方 p.48

牛乳・乳製品
ヨーグルト

果物
グリーンキウイ

ごはんの献立例②

| エネルギー 919kcal | たんぱく質 35.5g | 脂質 21.2g | 炭水化物 144.4g |

主食

ごはん 300g

主菜 ＋ 副菜

サバ缶と小松菜の
みそ煮　　　作り方 p.34

副菜

豆腐となめこの
すまし汁　　　作り方 p.49

牛乳・乳製品
ヨーグルト

果物
ゴールデン
キウイ

ごはんの献立例③

| エネルギー 917kcal | たんぱく質 37.4g | 脂質 22.6g | 炭水化物 135.0g |

主食

ごはん 300g

主菜

ほぐしサラダチキンと
ひじきの卵焼き 作り方 p.21

副菜

ピーマンの
バターしょうゆ 作り方 p.45

牛乳・乳製品
ヨーグルト

果物
みかん

ごはんの献立例④

| エネルギー 858kcal | たんぱく質 31.1g | 脂質 14.0g | 炭水化物 149.0g |

主食

ごはん 300g

主菜 ＋ 副菜

そぼろなす

作り方 p.44

主菜 ＋ 副菜

大根と梅の
納豆サラダ　　作り方 p.26

牛乳・乳製品
ヨーグルト

果物
グリーンキウイ

パンの献立例①

| エネルギー 957kcal | たんぱく質 41.6g | 脂質 29.7g | 炭水化物 132.0g |

主食 + 主菜

ハムチーズトーストと
いちごジャムトースト
作り方 p.78

主菜 + 副菜

ほうれん草とベーコンの
ココット　　　作り方 p.23

主菜 + 副菜

ごろっと野菜とアサリの
チャウダー　　作り方 p.50

牛乳・乳製品
ヨーグルト

果物
バナナ

おにぎりの献立例①

| エネルギー 808kcal | たんぱく質 38.3g | 脂質 26.8g | 炭水化物 98.6g |

主食

高菜とジャコの
おにぎり　　　作り方 p.41

主食

高菜とジャコの
おにぎり　　　作り方 p.41

主菜 + 副菜

イワシ缶とにらの
卵とじ　　　　作り方 p.23

牛乳・乳製品
牛乳

果物
オレンジ

めんの献立例①

| エネルギー 904kcal | たんぱく質 35.8g | 脂質 23.3g | 炭水化物 126.8g |

主食 + 主菜 + 副菜

けんちんうどん
作り方 p.87

主食

小盛りごはん 100g

主菜 + 副菜

シラスと青じその卵焼き
（レンジ）　　　作り方 p.21

牛乳・乳製品
牛乳

果物
グリーンキウイ

めんの献立例②

| エネルギー 843kcal | たんぱく質 36.2g | 脂質 19.5g | 炭水化物 127.7g |

主食＋主菜＋副菜　**主食**　**主菜＋副菜**

牛乳・乳製品
牛乳

果物
ゴールデン
キウイ

豚肉と水菜のうどん
作り方 p.42

小盛りごはん 100g

ツナとパプリカの
オーブン焼き　作り方 p.35

どんぶり物の献立例①

| エネルギー 905kcal | たんぱく質 37.9g | 脂質 21.3g | 炭水化物 139.0g |

主食＋主菜＋副菜　**主菜＋副菜**

牛乳・乳製品
牛乳

果物
いちご

焼き鳥缶ときのこ
のっけごはん　作り方 p.38

豆腐とブロッコリーのサラダ
塩昆布のせ　　　　作り方 p.31

どんぶり物の献立例②

| エネルギー 926kcal | たんぱく質 31.8g | 脂質 17.9g | 炭水化物 157.1g |

主食＋主菜＋副菜　**主菜＋副菜**

牛乳・乳製品
ヨーグルト

果物
グリーンキウイ

野菜とハムの中華風
あんかけごはん 作り方 p.40

わかめと魚介の豆乳
中華風スープ 作り方 p.51

エビデンスにもとづく研究成果の発信を行う
早稲田大学スポーツ栄養研究所の取り組み

■早稲田大学の産官学連携への取り組み

　早稲田大学は、学外機関と学術研究の提携を行う場合のガイドラインを1990年に制定しました。 学問の自由および独立を守り、世界の平和および人類の福祉に貢献する研究を行うことを理念として、社会的に公正で積極的な研究展開のために、学外機関との提携を行ったり、外部資金の受け入れを促進したりしています。2000年より連携型の共同研究を推進するために、早稲田大学総合研究機構プロジェクト研究所のしくみが立ち上がりました。 早稲田大学の専任教員が核となり、文系・理系を問わず一定期間内に所定の研究プロジェクトを実施するために、機能的な研究所が設置できるようになりました。 研究者の自由な研究活動を活性化し、とりわけ社会連携にもとづく研究活動を促進する上での大きな機動力になっています。

■早稲田大学スポーツ栄養研究所とは

　本研究所は、スポーツ栄養学に特化したわが国初の研究所です。 競技者のための最新の栄養・食事ガイドライン策定に関わる研究を推進し、エビデンスにもとづくスポーツ栄養学の発信を行うために、2013年に設立されました。 研究所のメンバーは、スポーツ栄養学、運動生理学やスポーツ医学などの学内教員を中心に、企業とも連携しながら研究活動を推進しています。2017年度には全所員および招聘研究員が参画して『アスリートの栄養アセスメント』を出版しました。 研究成果を論文として発信するのみならず、アウトリーチ活動も積極的に行っています。

■早稲田大学スポーツ栄養研究所とエームサービス株式会社との連携

　早稲田大学とエームサービス(株)との協力関係については、早稲田大学スポーツ栄養研究所の設置前より模索が始まっていました。エームサービス(株)は国内では先進的に各種国際競技大会や競技場、大学・社会人の競技団体などで食事提供や栄養サポートを実施してきた企業です。2008年より味の素ナショナルトレーニングセンターのアスリートレストランを受託し、運営しています。

　早稲田大学には研究機関としてのインフラとノウハウがあります。一方、エームサービスにはアスリートと直に接する現場があります。両社が連携することにより、早稲田大学が実施したスポーツ栄養学研究の成果を食事提供や栄養サポートに生かすことが可能となり、ともにコンディショニングとパフォーマンス向上を食の面から支援することを目指すこととしました。競技者が良好なコンディションを維持し、パフォーマンスを向上させるためには、適切な栄養摂取が欠かせないことは周知の事実です。これまでに当研究所の所員は、日本体育協会スポーツ医・科学研究「アスリートの最新の栄養ガイドライン策定に関するプロジェクト研究(1997～1999年)」、「スポーツを行う小・中学生に対するスポーツ食育プログラムの開発(2006～2009年)」、国立スポーツ科学センター「アスリートの食事摂取基準量に関するプロジェクト研究(2004～2005年)」に関わり、子どもから成人まで幅広い年齢層の競技者を対象としたスポーツ栄養の枠組みづくりに注力してきました。

■今後の展望

　近年、国際的なスポーツ栄養の共同声明が提示されていますが、その基になるデータは欧米人を対象としたものであり、人種や食文化の異なる日本人にそのまま適用できるかは不明な点が多くあります。そこで、エネルギーおよび各栄養素の必要量、目的別・競技別・年代別の栄養摂取方法、栄養・食事管理と栄養マネジメントの方法、栄養教育方法などについて、日本人競技者を対象としたさらなる研究が必要であり、運動生理学、運動生化学、スポーツ医学、予防医学など関連分野の研究者とも連携しながら、競技者のためのコンディショニングとパフォーマンス向上に寄与しうる研究成果を出すことが社会的ニーズでもあると考えています。

　そこでまず、これまでに蓄積してきた横断研究の成果を統合し、競技者に対する栄養アセスメントと食事管理方法を確立することを目指して活動を開始しました。エームサービス(株)とはスポーツ栄養アセスメントのうちの食事調査について現状と問題点を抽出し、食事調査の分析値を評価する研究を行いました。これらの成果は学会発表や論文として随時公表しています。現在は、早稲田大学がスポーツ庁から受託している「女性アスリートの育成・支援プロジェクト」において、エームサービス(株)の管理栄養士もスポーツ栄養研究所の招聘研究員として、レシピブックの作成などに協力しています。

　このように、エームサービス(株)をはじめとした産学連携により、日本人を対象にした日本人選手のためのスポーツ栄養サポート・食事管理の研究を推進し、研究成果を発信していくことが当研究所の社会的使命と考えており、2020年をひとつの通過点として、今後もスポーツ栄養に関する研究に邁進していきます。

トップアスリートを育てる
エームサービス株式会社の
取り組み

ダイヤモンドアスリートのサポート事例

エームサービス(株)は日本陸上競技連盟のU-20世代の強化選手の中から、特に国際大会での活躍や今後の陸上競技界での貢献が期待できる競技者として認定された約10名のダイヤモンドアスリートに対して栄養サポートを実施しています。

■栄養サポート業務

　陸上競技はチーム競技とは異なり、個人で海外転戦等をする機会があり、トップを目指す選手は競技力だけではなく、食事を含むあらゆる場面での生活力、人間力を身につける必要があります。ダイヤモンドアスリートへの栄養サポートは「あらゆる環境において選手が食生活を自己管理できるようになること」、つまり「いつ、どこで、どんな時でも自分に必要な食事(量・内容)を用意できるようになること」を目的に実施しています。

　そのため、基本的に各個人に対するサポートを軸に行っています。選手たちは競技種目に応じた体づくりの目標設定を行い、食環境が異なることから、選手ごとに個人面談を実施し、日々の食事やコンディションチェックに対しアドバイスを行っています。また、必要に応じて①国内合宿中の栄養セミナー、②海外合宿へ帯同し異なる食環境での順応アドバイス、③認定選手の所属チームや保護者への食育セミナーなども行っています。

■サポートの実態

　進学や就職、合宿や遠征などを機に食環境が変化し、食事を自分自身でコントロールする必要性が増えた際、自分に適した食事をとれるようになるために、日々の食事アドバイスでは基本的な栄養バランスの整え方や必要量を伝え、個別に具体的な行動目標を選手自身に立ててもらいます。次に日々の食事アドバイスをくり返し行うことで徐々に意識を定着させることを目指します。

　また、年に1回の栄養セミナーでは、献立作成から買い物、調理までを実施する調理実習を組み込み、自炊への対応力を身につけてもらっています。

　海外合宿に帯同した際には、現地のスーパーマーケットに栄養士とともに行き、食材選びから調理方法などの海外遠征時の食事対応法に加え、事前にどのような準備が必要かを自身で考えることで順応性を身につける機会としています。

　ある選手は進学を機に、朝食を自身で用意する必要に迫られた際に、海外合宿での毎日の自炊経験が大いに役立ったと話しています。このように個人サポートで栄養・食事に関する重要性の意識づけを行い、実習によってそれを身につけてもらい、自身で栄養・食事の必要性を実感することが、特にこの世代の競技者にとってはとても大切です。

ダイヤモンドアスリートとは

　2020年東京オリンピック大会と、その後の国際大会での活躍が大いに期待できる次世代の競技者(U-20世代)の強化育成を進める日本陸上競技連盟が、2014年に立ち上げた制度。認定選手はダイヤモンドアスリートとして陸上競技を通じて競技的にはもちろん、豊かな人間性をもつ国際人となり、今後の日本および国際社会の発展に寄与する人材として期待されるエリート競技者です。

　ダイヤモンドアスリートは、個を重視したアスリート育成のためのさまざまなプログラム(海外遠征、リーダーシップ、メディアトレーニング、語学研修、栄養サポート)を受け、中長期的に着実かつ個別的なパフォーマンス向上を達成し、国際大会においてメダルを獲得するとともに、日本陸上界に育成システムとしてのレガシーを残すことを目的としています。

橋岡優輝

北口榛花

江島雅紀

おもな歴代認定者

100m／200m	サニブラウン　アブデルハキーム(第1期) 山下潤(第1期)
800m	クレイ・アーロン竜波(第4期)
400mハードル	出口晴翔(第5期)
走幅跳	橋岡優輝(第2期)
棒高跳	江島雅紀(第2期)
やり投	北口榛花(第1期) 中村健太郎(第4期)
競歩	藤井菜々子(第4期)

栄養価一覧

◆「日本食品標準成分表2015年版（七訂）」（文部科学省）にもとづいています。
◆食品成分のデータのない食品は、それに近い食品（代用品）を用いて計算しました。
◆生卵は1個60g、納豆は1個50g、豆腐は1パック150gで計算しました。

ページ	レシピ名	エネルギー kcal	たんぱく質 g	脂質 g	炭水化物 g	食物繊維総量 g	カルシウム mg	鉄 mg	ビタミンA μg	ビタミンD μg	ビタミンB1 mg	ビタミンB2 mg	ビタミンC mg	食塩相当量 g
●たんぱく質がとれる朝食レシピ／卵														
20	2色パプリカの目玉焼き	291	15.7	21.4	7.3	1.5	69	2.5	233	2.2	0.12	0.60	160	1.5
20	納豆とチーズのスクランブルエッグ	372	24.8	26.0	7.0	2.0	239	3.2	269	2.3	0.12	0.82	1	1.4
21	シラスと青じその卵焼き	206	17.2	13.7	0.9	0.1	87	2.3	212	6.8	0.09	0.53	1	1.1
21	ほぐしサラダチキンとひじきの卵焼き	233	24.4	13.2	2.0	1.0	83	2.4	191	2.2	0.11	0.57	1	0.8
22	もちとほうれん草のオムレツ	347	20.6	20.6	16.7	1.2	194	2.9	360	2.2	0.13	0.65	12	2.6
22	カニかま入りスパニッシュオムレツ	216	11.9	11.4	15.3	2.2	64	1.7	172	1.3	0.16	0.32	20	1.2
23	イワシ缶とにらの卵とじ	222	23.6	12.4	1.6	0.8	103	2.9	181	10.3	0.09	0.50	6	0.4
23	ほうれん草とベーコンのココット	144	10.4	10.3	2.3	2.0	91	1.9	355	1.1	0.12	0.35	15	1.1
24	アスパラのホットサラダ	140	10.9	9.3	2.7	0.9	161	1.2	100	0.7	0.10	0.32	8	1.1
24	厚焼き卵サンド	586	26.3	26.7	57.7	2.8	93	2.9	187	2.2	0.17	0.58	0	3.7
●たんぱく質がとれる朝食レシピ／納豆														
25	五目納豆	123	9.6	5.8	8.8	3.9	84	1.9	3	0.0	0.07	0.29	7	1.0
25	大豆もやしののり風味納豆がけ	174	15.1	6.9	13.4	6.5	76	3.0	9	0.0	0.14	0.41	5	1.7
26	イタリアン納豆	217	12.1	14.9	8.7	3.8	150	1.9	75	0.0	0.06	0.36	14	0.9
26	大根と梅の納豆サラダ	139	11.1	5.9	11.9	5.3	122	2.6	92	0.1	0.09	0.34	17	2.8
27	納豆とオクラのねばねばあえ	190	14.8	9.7	12.7	6.3	127	2.8	81	0.7	0.11	0.50	4	0.9
27	納豆とサバ缶のぶっかけうどん	564	30.0	18.5	66.3	5.4	209	4.2	88	3.7	0.14	0.71	1	2.6
●たんぱく質がとれる朝食レシピ／ソーセージ														
28	じゃが芋とソーセージの粒マスタード炒め	381	8.3	23.9	33.4	2.6	41	1.4	2	0.2	0.29	0.10	59	2.4
28	ソーセージとブロッコリーのホットスパサラ	250	8.6	15.5	19.2	2.7	25	1.0	34	0.2	0.19	0.15	63	2.1
29	ソーセージとじゃが芋とパプリカのチーズ焼き	280	11.2	16.9	21.3	1.8	103	0.9	65	0.2	0.23	0.19	91	1.3
29	魚肉ソーセージとキャベツのごまマヨサラダ	229	9.9	15.3	14.1	1.7	109	1.2	10	0.7	0.20	0.46	33	2.1
●たんぱく質がとれる朝食レシピ／豆腐														
30	キムチ温玉のせ冷奴	163	13.4	8.7	6.3	1.5	125	2.2	67	0.2	0.19	0.29	10	1.0
30	ほぐしサラダチキンの塩レモン冷奴	138	15.4	7.2	1.9	0.3	47	0.8	8	0.1	0.13	0.09	3	1.0
31	豆腐とブロッコリーのサラダ塩昆布のせ	134	12.8	6.6	7.5	3.7	169	2.4	80	0.0	0.21	0.18	68	0.6
31	ツナとチーズの温豆腐	252	18.5	17.7	4.0	0.5	204	1.7	49	1.4	0.20	0.18	1	1.7
32	厚揚げのピザ風	266	15.9	19.2	6.6	1.0	366	4.0	49	0.1	0.13	0.12	5	1.2
32	ミックスビーンズの和風サラダ	135	9.6	7.6	7.8	4.0	62	1.3	21	0.1	0.10	0.05	12	1.1
●たんぱく質がとれる朝食レシピ／魚缶														
33	カレーツナじゃが	316	16.0	17.2	25.2	2.9	30	1.6	143	2.8	0.21	0.14	39	1.6
33	コーンツナマヨのトマトサラダ	216	8.0	16.8	9.3	2.3	31	1.1	106	0.8	0.09	0.08	21	0.7
34	ツナと野菜のナムル2種	218	14.0	15.4	6.7	2.2	75	1.0	23	0.8	0.09	0.10	10	1.6
34	サバ缶と小松菜のみそ煮	224	17.1	14.0	7.8	1.0	295	3.4	172	5.0	0.20	0.44	20	1.1
35	ツナとパプリカのオーブン焼き	107	7.2	5.2	8.6	1.8	11	1.1	57	0.8	0.07	0.16	102	1.3
35	サンマ缶ときゅうりの酢の物	194	13.6	13.3	5.2	0.4	207	1.5	29	9.1	0.01	0.15	6	1.0

ページ	レシピ名	エネルギー kcal	たんぱく質 g	脂質 g	炭水化物 g	食物繊維総量 g	カルシウム mg	鉄 mg	ビタミンA μg	ビタミンD μg	ビタミンB₁ mg	ビタミンB₂ mg	ビタミンC mg	食塩相当量 g
●手軽に糖質がとれる朝食レシピ／ごはん・めん														
38	焼き鳥缶ときのこのっけごはん	620	18.0	7.0	117.7	2.5	22	2.0	59	0.2	0.12	0.20	4	1.4
38	ソーセージとキャベツのケチャップ丼	702	15.0	14.0	125.0	3.0	66	1.3	9	0.2	0.23	0.13	46	2.0
39	卵とツナのカラフルそぼろ丼	752	22.8	18.2	118.0	2.4	52	2.0	224	1.8	0.17	0.35	5	1.8
39	おろしポン酢のねぎ塩豚丼	717	25.2	13.7	116.7	3.1	59	1.2	9	0.1	0.81	0.23	15	2.3
40	野菜とハムの中華風あんかけごはん	674	16.3	9.7	126.2	4.0	82	1.3	122	0.2	0.33	0.17	38	3.9
40	親子丼	796	34.3	16.3	120.1	1.7	86	2.9	189	2.2	0.20	0.62	6	2.5
41	桜エビと小松菜のおにぎり	189	4.7	1.0	39.0	1.0	107	1.1	78	0.0	0.06	0.06	12	0.6
41	梅おかかとシラスのおにぎり	180	4.0	0.4	38.2	0.4	11	0.3	4	1.4	0.03	0.02	0	0.5
41	サケフレークとごまのおにぎり	194	4.9	2.0	37.3	0.4	17	0.2	2	2.3	0.04	0.03	0	0.2
41	高菜とジャコのおにぎり	175	3.6	0.4	37.8	0.8	28	0.3	35	1.2	0.03	0.03	3	0.7
42	豚肉と水菜のうどん	374	18.8	6.1	57.6	3.2	105	1.8	46	0.1	0.54	0.21	23	3.6
42	半熟卵とほうれん草のぶっかけうどん	385	16.1	7.4	60.0	3.7	78	2.9	300	1.1	0.16	0.42	21	3.0
43	ツナマヨのせサラダうどん	525	16.1	23.1	60.7	4.8	222	2.7	238	0.8	0.14	0.20	48	1.8
43	みそ煮込みうどん	379	16.0	3.1	70.1	5.2	76	2.3	3	0.5	0.11	0.12	6	6.0
●ごはんのお供														
44	そぼろなす	128	8.6	7.0	7.4	1.6	20	0.7	9	0.2	0.32	0.13	8	1.5
44	牛肉のしぐれ煮	189	20.6	8.6	5.3	0.2	8	2.6	5	0.2	0.09	0.21	1	2.2
44	サケフレークと小松菜のからしマヨ	162	10.1	12.3	2.6	1.1	109	1.7	134	11.6	0.14	0.14	18	0.5
45	ツナキムチ	259	15.5	19.7	5.4	2.1	47	1.2	34	2.8	0.13	0.19	17	2.3
45	ちくわ高菜明太子	77	9.4	1.5	6.7	0.5	26	0.8	38	0.6	0.10	0.11	18	2.5
45	ピーマンのバターしょうゆ	98	1.8	8.3	4.4	1.8	11	0.4	78	0.1	0.03	0.04	61	0.6
●1品でいろいろな栄養素がとれる／具だくさん汁														
48	もち入り豚汁	191	10.6	4.4	26.4	3.4	54	1.3	109	0.0	0.32	0.11	10	2.7
48	卵とえのきの即席みそ汁	125	10.4	7.1	5.5	2.4	58	2.0	160	1.3	0.14	0.36	16	2.0
49	麩としいたけのそうめん入りすまし汁	211	6.9	0.7	42.7	2.2	55	1.3	65	0.0	0.09	0.08	10	3.9
49	豆腐となめこのすまし汁	70	6.3	3.1	5.5	2.3	78	1.2	11	0.0	0.14	0.10	2	1.9
50	ごろっと野菜とアサリのチャウダー	233	10.3	7.9	29.6	2.0	149	6.4	198	0.2	0.13	0.21	22	1.8
50	鶏団子と青梗菜の春雨スープ	116	5.5	4.8	13.9	2.3	63	1.0	96	0.2	0.08	0.13	12	2.1
51	マカロニとグリーン野菜のミルクスープ	253	20.2	11.2	17.7	3.4	158	1.4	203	0.2	0.22	0.37	74	1.6
51	わかめと魚介の豆乳中華風スープ	165	11.6	8.0	12.6	1.7	108	3.2	30	0.0	0.18	0.10	6	1.3
●手間を省いてしっかり栄養がとれる／夕食からのアレンジ														
54	肉じゃが（2/3量）	424	20.7	23.4	31.6	4.5	69	1.6	224	0.3	0.77	0.30	43	2.6
54	トマト入り肉じゃがのオープンオムレツ（肉じゃがアレンジ）	451	18.7	30.0	24.8	3.5	75	2.2	253	1.2	0.48	0.44	38	3.6
55	豚肉のしょうが焼きプレート	680	42.2	44.7	20.5	2.3	57	1.5	39	0.2	1.45	0.38	52	4.1
55	豚肉とレタスのサラダライス（豚肉のしょうが焼きアレンジ）	977	28.9	38.2	121.1	1.9	36	1.2	35	0.2	0.80	0.24	17	2.4
56	ミートソーススパゲティ	804	37.0	27.8	93.5	5.7	312	3.6	262	0.2	0.61	0.42	18	3.7

ページ	レシピ名	エネルギー kcal	たんぱく質 g	脂質 g	炭水化物 g	食物繊維総量 g	カルシウム mg	鉄 mg	ビタミンA μg	ビタミンD μg	ビタミンB₁ mg	ビタミンB₂ mg	ビタミンC mg	食塩相当量 g
56	ミートチーズトースト（ミートソースアレンジ）	296	12.7	12.3	32.4	2.1	116	0.8	97	0.1	0.15	0.14	4	1.7
57	チキンソテーと野菜のグリル添え	553	37.0	32.7	21.7	3.1	36	2.1	307	0.8	0.34	0.42	72	3.5
57	みそバターチキン（チキンソテーと野菜グリルアレンジ）	318	19.3	19.9	12.2	1.8	24	1.3	174	0.4	0.17	0.22	36	2.1
58	ひじき煮(2/3量)	108	4.1	7.8	8.9	5.6	138	6.2	108	0.0	0.04	0.07	1	1.6
58	ひじきの白あえ（ひじき煮アレンジ）	157	10.2	9.7	9.1	4.8	151	4.5	57	0.0	0.15	0.09	6	1.4
59	ポトフ(2/3量)	388	22.5	14.9	41.2	6.2	53	2.0	350	0.4	0.36	0.33	126	3.0
59	シチュー（ポトフアレンジ①）	293	15.4	11.4	32.1	3.5	140	1.1	216	0.5	0.24	0.33	70	1.2
59	カレーライス（ポトフアレンジ②）	777	19.9	13.5	138.9	4.8	51	1.9	179	0.2	0.26	0.21	69	3.1
60	豚バラ白菜の寄せ鍋(4/5量)	635	23.1	42.8	33.0	3.3	84	1.9	25	0.8	0.76	0.35	28	6.1
60	卵と青梗菜のかきたま汁（豚バラ白菜の寄せ鍋アレンジ）	269	14.3	17.0	12.5	1.7	105	2.1	166	1.3	0.26	0.40	20	2.4
61	鶏肉と野菜の鍋(4/5量)	364	29.1	20.5	15.7	5.6	183	2.7	219	0.7	0.34	0.39	45	2.2
61	卵雑炊（鶏肉と野菜の鍋アレンジ）	620	22.2	12.9	98.7	2.9	153	3.0	223	1.3	0.21	0.43	23	1.2

●トレーニング期の朝食

ページ	レシピ名	エネルギー kcal	たんぱく質 g	脂質 g	炭水化物 g	食物繊維総量 g	カルシウム mg	鉄 mg	ビタミンA μg	ビタミンD μg	ビタミンB₁ mg	ビタミンB₂ mg	ビタミンC mg	食塩相当量 g
73	献立 ごはん/牛しゃぶサラダ/豆腐ときのこのごまみそ汁/フルーツヨーグルト													
	合計	852	35.3	14.3	141.8	6.0	195	4.3	79	0.8	0.36	0.50	59	3.3
74	牛しゃぶサラダ	191	18.2	9.1	8.8	2.4	36	2.6	76	0.2	0.16	0.26	57	1.2
74	豆腐ときのこのごまみそ汁	81	6.4	4.1	6.5	2.5	59	1.3	4	0.6	0.12	0.10	1	1.9
75	厚揚げと菜の花の肉みそがけ	283	21.2	18.1	8.7	3.3	327	4.8	83	0.1	0.17	0.22	52	4.3
75	サケ缶とブロッコリーのクリーム煮	337	25.0	19.9	13.9	3.7	154	1.1	150	13.8	0.29	0.44	98	1.7

●朝練がある日の朝食

ページ	レシピ名	エネルギー kcal	たんぱく質 g	脂質 g	炭水化物 g	食物繊維総量 g	カルシウム mg	鉄 mg	ビタミンA μg	ビタミンD μg	ビタミンB₁ mg	ビタミンB₂ mg	ビタミンC mg	食塩相当量 g
77	献立 ロールパンサンド/バナナ/牛乳													
	合計	579	19.9	28.1	63.5	2.6	277	1.7	152	1.3	0.26	0.55	21	2.2
78	ロールパンサンド	359	12.2	20.3	31.4	1.5	51	1.4	71	0.7	0.13	0.21	3	2.0
78	ハムチーズトーストといちごジャムトースト	446	16.6	11.1	69.6	3.0	144	0.7	47	0.1	0.15	0.13	7	2.2
79	かつお節と温泉卵のTKG	405	11.2	4.8	75.0	0.6	29	1.1	60	0.8	0.07	0.21	0	1.1
79	アーモンドミルクのバナナスムージー	185	4.2	3.8	37.6	4.7	125	0.3	4	0.0	0.06	0.11	13	0.6
79	コーンクリームスープとひたパン	309	10.7	11.1	41.4	1.4	154	0.5	40	0.3	0.11	0.24	3	1.5

●試合前調整期の朝食

ページ	レシピ名	エネルギー kcal	たんぱく質 g	脂質 g	炭水化物 g	食物繊維総量 g	カルシウム mg	鉄 mg	ビタミンA μg	ビタミンD μg	ビタミンB₁ mg	ビタミンB₂ mg	ビタミンC mg	食塩相当量 g
81	献立 とろろかけごはん/具だくさん豚汁/ゆで卵/牛乳/キウイフルーツ													
	合計	1013	36.4	19.2	169.8	7.8	366	3.8	307	1.5	0.72	0.73	179	3.0
82	とろろかけごはん	566	9.8	1.0	124.9	2.2	17	0.6	1	0.0	0.13	0.04	3	0.0
82	具だくさん豚汁	179	12.5	5.4	20.3	4.3	87	2.1	157	0.0	0.46	0.17	35	2.7
83	カニかまとレタスのとろっと卵丼	754	25.5	17.5	116.2	1.2	104	2.6	190	2.4	0.15	0.59	2	3.3
83	そうめんチャンプル	337	10.7	13.2	42.3	2.6	36	0.9	65	0.2	0.15	0.10	20	4.2

●試合当日の朝食

ページ	レシピ名	エネルギー kcal	たんぱく質 g	脂質 g	炭水化物 g	食物繊維総量 g	カルシウム mg	鉄 mg	ビタミンA μg	ビタミンD μg	ビタミンB₁ mg	ビタミンB₂ mg	ビタミンC mg	食塩相当量 g
85	献立 きつね力うどん/ゆかり梅おにぎり/オレンジ、いちご													
	合計	718	17.8	5.7	145.5	4.7	101	2.1	14	0.0	0.19	0.13	92	7.3
86	きつね力うどん	477	13.7	5.1	90.2	2.4	62	1.4	2	0.0	0.09	0.07	1	6.1
86	ゆかり梅おにぎり	178	2.7	0.4	39.3	0.6	6	0.4	0	0.0	0.02	0.01	0	1.3

ページ	レシピ名	エネルギー kcal	たんぱく質 g	脂質 g	炭水化物 g	食物繊維総量 g	カルシウム mg	鉄 mg	ビタミンA μg	ビタミンD μg	ビタミンB₁ mg	ビタミンB₂ mg	ビタミンC mg	食塩相当量 g
87	けんちんうどん	379	12.2	3.3	73.1	6.9	139	2.0	509	0.0	0.18	0.13	22	2.9
87	みそおにぎり	187	4.0	0.9	39.5	1.1	15	0.6	23	0.0	0.03	0.04	2	1.1

●試合後の栄養補給と翌日の朝食

ページ	レシピ名	エネルギー kcal	たんぱく質 g	脂質 g	炭水化物 g	食物繊維総量 g	カルシウム mg	鉄 mg	ビタミンA μg	ビタミンD μg	ビタミンB₁ mg	ビタミンB₂ mg	ビタミンC mg	食塩相当量 g
89	献立 サケ青じそ茶漬け/豚肉とキャベツの重ね蒸し/さつま芋の甘煮/牛乳/キウイフルーツ													
	合計	979	38.2	22.4	152.4	7.7	465	3.2	133	4.6	1.04	0.66	124	4.5
90	サケ青じそ茶漬け	452	9.7	1.3	95.9	0.8	12	0.3	10	3.9	0.07	0.05	0	2.2
90	豚肉とキャベツの重ね蒸し	241	19.9	13.1	10.6	3.5	183	2.2	41	0.1	0.82	0.26	58	0.6
90	さつま芋の甘煮	114	1.3	0.3	26.8	1.7	27	0.5	2	0.0	0.07	0.03	15	1.5
91	かき玉うどん&カリカリ梅とツナの混ぜごはんセット	743	24.9	13.7	124.2	3.6	109	2.7	114	2.2	0.18	0.37	7	6.4
91	かき玉うどん	412	15.9	7.2	67.1	2.6	60	2.0	90	1.1	0.11	0.31	7	4.6
91	カリカリ梅とツナの混ぜごはん	331	9.0	6.5	57.0	1.0	49	0.7	23	1.1	0.07	0.06	1	1.8
91	がんもどきと小松菜のさっと煮	156	10.5	10.8	4.6	1.8	249	3.7	130	0.0	0.07	0.10	20	1.5

●オフ期の朝食

ページ	レシピ名	エネルギー kcal	たんぱく質 g	脂質 g	炭水化物 g	食物繊維総量 g	カルシウム mg	鉄 mg	ビタミンA μg	ビタミンD μg	ビタミンB₁ mg	ビタミンB₂ mg	ビタミンC mg	食塩相当量 g
93	献立 ホットケーキプレート(ホットケーキ/目玉焼き/ハム/グリルポテト/ベビーリーフ/ミニトマト)/ヨーグルト/グレープフルーツ													
	合計	882	33.5	22.1	136.6	4.8	368	3.8	330	2.4	0.43	0.86	69	2.9
94	ホットケーキプレート	794	29.3	21.9	118.1	4.2	263	3.7	296	2.4	0.34	0.72	33	2.7
95	豆腐となすのだし煮	146	11.3	6.4	11.1	2.4	147	1.7	9	0.0	0.15	0.09	4	1.1
95	ギョウザと青梗菜のキムチスープ	135	5.0	6.1	15.1	1.2	50	1.0	44	0.0	0.07	0.12	16	1.5

●朝食献立組み合わせ例

ページ	レシピ名	エネルギー kcal	たんぱく質 g	脂質 g	炭水化物 g	食物繊維総量 g	カルシウム mg	鉄 mg	ビタミンA μg	ビタミンD μg	ビタミンB₁ mg	ビタミンB₂ mg	ビタミンC mg	食塩相当量 g
106	献立 ごはん/五目納豆/卵とえのきの即席みそ汁/ヨーグルト/グリーンキウイ													
	合計	839	31.4	14.0	144.0	9.0	264	4.6	167	1.3	0.30	0.81	71	3.1
107	献立 ごはん/サバ缶と小松菜のみそ煮/豆腐となめこのすまし汁/ヨーグルト/ゴールデンキウイ													
	合計	919	35.5	21.2	144.4	5.6	519	5.1	219	5.0	0.35	0.72	163	3.1
107	献立 ごはん/ほぐしサラダチキンとひじきの卵焼き/ピーマンのバターしょうゆ/ヨーグルト/みかん													
	合計	917	37.4	22.6	135.0	4.5	208	3.4	328	2.3	0.30	0.77	84	1.6
107	献立 ごはん/そぼろなす/大根と梅の納豆サラダ/ヨーグルト/グリーンキウイ													
	合計	858	31.1	14.0	149.0	9.5	264	4.0	106	0.2	0.49	0.63	73	4.4
108	献立 ハムチーズトーストといちごジャムトースト/ほうれん草とベーコンのココット/ごろっと野菜とアサリのチャウダー/ヨーグルト/バナナ													
	合計	957	41.6	29.7	132.0	7.9	478	9.4	536	1.5	0.47	0.84	59	5.2
108	献立 高菜とジャコのおにぎり2個/イワシ缶とにらの卵とじ/牛乳/オレンジ													
	合計	808	38.3	26.8	98.6	3.5	403	3.8	337	13.4	0.30	0.89	74	2.0
108	献立 けんちんうどん/小盛りごはん/シラスと青じその卵焼き/牛乳/グリーンキウイ													
	合計	904	35.8	23.3	126.8	8.9	435	4.1	801	7.4	0.34	0.95	73	2.9
109	献立 豚肉と水菜のうどん/小盛りごはん/ツナとパプリカのオーブン焼き/牛乳/ゴールデンキウイ													
	合計	843	36.2	19.5	127.7	6.7	356	3.3	182	1.5	0.73	0.70	267	5.1
109	献立 焼き鳥缶ときのこのっけごはん/豆腐とブロッコリーのサラダ塩昆布のせ/牛乳/いちご													
	合計	905	37.9	21.3	139.0	6.9	419	4.6	216	0.8	0.42	0.68	105	2.2
109	献立 野菜とハムの中華風あんかけごはん/わかめと魚介の豆乳中華風スープ/ヨーグルト/グリーンキウイ													
	合計	926	31.8	17.9	157.1	7.4	304	4.7	156	0.2	0.54	0.39	92	5.4

出典

1) Shimizu H et al. Delayed first active-phase meal, a breakfast-skipping model, led to increased body weight and shifted the circadian oscillation of the hepatic clock and lipid metabolism-related genes in rats fed a high-fat diet. *PLoS ONE* 13: e0206660, 2018.

2) 樋口満：No.Ⅲ　小学生を対象としたスポーツ食育プログラム開発に関する調査研究-第1報-, 平成18年度 日本体育協会スポーツ医・科学研究報告: 29, 2006.

3) 大滝裕美ら：Jクラブ育成チームに所属する小学生・中学生・高校生男子サッカー選手の食生活の特性ならびにQOLとの関連, 栄養学雑誌, 70: 219 - 235, 2012.

4) 田口素子：平成27-28年度スポーツ庁委託事業　低エネルギー状態が女性アスリートのスポーツ・健康リスク及びパフォーマンスに及ぼす影響データ集, 早稲田大学スポーツ科学研究センター女性アスリートの育成・支援プロジェクト: 23 - 24, 2016.

5) Zakrzewski-Fruer J et al. Effect of breakfast omission and consumption on energy intake and physical activity in adolescent girls: a randomised controlled trial. *Br J Nutr* 118: 392 - 400, 2017.

6) Clayton D et al. Effect of breakfast omission on energy intake and evening exercise performance. *Med Sci Sports Exerc* 47: 2645 - 2652, 2015.

7) De Souza M et al. 2014 Female athlete triad coalition consensus statement on treatment and return to play of the female athlete triad. *Br J Sports Med* 48: 289, 2014.

8) Taguchi M et al. Energy intake deficiency promotes bone resorption and energy metabolism suppression in Japanese male endurance runners: a pilot study. *Am J Mens Health* 14: 1 - 8, 2020.

9) Bin Naharudin M et al. Breakfast omission reduces subsequent resistance exercise performance. *J Strength Cond Res* 33: 1766 - 1772, 2019.

10) Cornford E and Metcalfe R. Omission of carbohydrate-rich breakfast impairs evening 2000-m rowing time trial performance. *Eur J Sport Sci* 19: 133 - 140, 2019.

11) Yasuda J et al. Skipping breakfast is associated with lower fat-free mass in healthy young subjects: a cross-sectional study. *Nutr Res* 60: 26 - 32, 2018.

12) 関野由香ら：食事時刻の変化が若年女子の食事誘発性熱産生に及ぼす影響, 日本栄養・食糧学会誌, 63: 101 - 106, 2010.

13) Hashimoto S et al. Free-running circadian rhythm of melatonin in a sighted man despite a 24-hour sleep pattern: a non-24-hour circadian syndrome. *Psychiatry Clin Neurosci* 51: 109 - 114, 1997.

14) Wehrens S et al. Meal timing regulates the human circadian system. *Curr Biol* 27: 1768 - 1775, 2017.

15) Fischer D et al. Chronotypes in the US - Influence of age and sex. *PLoS ONE* 12: e0178782, 2017.

16) 守田真里子, 南久則：小中学生の朝食内容と生活リズム及び学習意欲, 健康状態の関連性～摂取食品数と味噌汁摂取の影響～, 日本食育学会誌, 12: 173 - 182, 2018.

17) Mamerow M et al. Dietary protein distribution positively influences 24-h muscle protein synthesis in healthy adults. *J Nutr* 144: 876 - 880, 2014.

18) Moore D et al. Protein ingestion to stimulate myofibrillar protein synthesis requires greater relative protein intakes in healthy older versus younger men. *J Gerontol A Biol Sci Med Sci* 70: 57 - 62, 2015.

19) Poortmans J. Principles of protein metabolism, *In: Principles of exercise biochemistry*, Karger publishers, Basel, Switzerland, 164 - 193, 1988.

20) Karlsson J et al. Muscle Glycogen utilization during exercise after physical training. *Acta Physiol Scand* 90: 210 - 217, 1974.

21) Costill D and Miller J. Nutrition for endurance sport: carbohydrate and fluid balance. *Int J Sports Med* 1: 2 - 14, 1980.

22) IOC consensus statement on sports nutrition 2010. *J Sports Sci* 29: S3 - S4, 2011.

23) Burke L et al. Carbohydrates for training and competition. *J Sports Sci* 29: S17 - S27, 2011.

24) 厚生労働省HP：平成29年度国民健康・栄養調査結果の概要, https://www.mhlw.go.jp/content/10904750/000351576.pdf (2020年2月5日)

25) 島根県教育委員会：平成27年度文部科学省委託 スーパー食育スクール事業報告書: 2015.

26) 樋口満編著, 新版コンディショニングのスポーツ栄養学, 市村出版, 東京, 2012.

27) Midorikawa T et al. A comparison of organ-tissue level body composition between college-age male athletes and nonathletes. *Int J Sports Med* 28: 100 - 105, 2007.

28) Thomas D et al. American college of sports medicine joint position statement. Nutrition and athletic performance. *Med Sci Sports Exerc* 48: 543 - 568, 2016

29) Legaz A and Eston R. Changes in performance, skinfold thicknesses, and fat patterning after three years of intense athletic conditioning in high level runners. *Br J Sports Med* 39: 851 - 856, 2005.

30) Oshima Y and Shiga T. Within-day variability of whole-body and segmental bioelectrical impedance in a standing position. *Eur J Clin Nutr* 60: 938 - 941, 2006.

31) Baumgartner R et al. Bioelectric impedance for body composition. *Exerc Sport Sci Rev* 18: 193 - 224, 1990.

32) Kyle U et al. Bioelectrical impedance analysis-part II: utilization in clinical practice. *Clin Nutr* 23: 1430 - 1453, 2004.

33) 厚生労働省HP：日本人の食事摂取基準 (2020年版), https://www.mhlw.go.jp/content/10904750/000586553.pdf (2020年2月5日)

34) 田口素子ら：競技特性の異なる女子スポーツ選手の安静時代謝量, 栄養学雑誌, 68: 289 - 297, 2010.

35) Oshima S et al. Relative contribution of organs other than brain to resting energy expenditure is consistent among male power athletes. *J Nutr Sci Vitaminol* 59: 224 - 231, 2013.

36) 田口素子責任編集, アスリートの栄養アセスメント, 第一出版, 東京, 2017.

37) Takada S at al. Total energy expenditure and physical activity levels of Japanese collegiate athletes in various sport events, 3rd International conference on recent advances and controversies in measuring energy metabolism, 2014.

38) Ekblom B et al. Temperature regulation during exercise dehydration in man. *Acta physiol Scand* 79: 475 - 483, 1970.

39) 公益社団法人日本スポーツ協会, スポーツ活動中の熱中症予防ガイドブック, 39 - 43, 2019.

40) Sawka M et al. American college of sports medicine position stand. Exercise and fluid replacement. *Med Sci Sports Exerc* 39: 377 - 390, 2007.

41) Greenleaf J. Problem: thirst, drinking behavior, and involuntary dehydration. *Med Sci Sports Exerc* 24: 645 - 656, 1992.

42) National Collegiate Athletic Association (NCAA:全米大学体育協会) HP: Assess Your Hydration Status, http://www.ncaa.org/sites/default/files/Assess+Your+Hydration+Status.pdf (2020年2月5日)

43) Bompa T. Periodization annual training program, Periodization theory and methodology of training (4th edition), Chapter 8, 1999.

44) Melinda M et al. B-Complex vitamins important in energy metabolism, *In: Sport nutrition for health and performance*, Human kinetics, Champaign, USA, 245 - 272, 2000.

45) 猪飼道夫, 福永哲夫：身体の研究 (Ⅲ), 体育の科学 18: 71 - 76, 1968.

46) Kitagawa K et al. Maximal oxygen uptake, body composition, and running performance in young Japanese adults of both sexes. 体育学研究 21: 335 - 340, 1977.

47) Wolff A et al. Vitamin D and musculoskeletal health. *Nat Clin Pract Rheumatol* 4: 580 - 588, 2008.

48) Kipp D et al. Scurvy results in decreased collagen synthesis and bone density in the guinea pig animal model. *Bone* 18: 281 - 288, 1996.

49) Ishikawa-Takata K and Takimoto H. Current protein and amino acid intakes among Japanese people: Analysis of the 2012 national health and nutrition survey. *Geriatr Gerontol Int* 18: 723 - 731, 2018.

50) 金子香織, 田口素子：一歩先ゆく熱中症・脱水予防 食事で熱中症を予防する, 救急医学, 43: 956 - 960, 2019.

51) Mears S et al. Perception of breakfast ingestion enhances high-intensity cycling performance. *Int J Sports Physiol Perform* 13: 504 - 509, 2018.

52) Burke L and Cox G. The complete guide to food for sports performance (3rd edition), Allen & Unwin, Sydney, Australia, 118 - 131, 2010.

53) Al-Masri L and Bartlett S. 100 questions & answers about sports nutrition and exercise, Jones & Bartlett Learning, Burlington, USA, 14 - 17, 2011.

54) 杉浦克己：オフ期をいかに過ごすか, 臨床スポーツ医学臨時増刊号, 26: 338 - 342, 2009.

55) Ma Y et al. Association between eating patterns and obesity in a free-living US adult population. *Am J Epidemiol* 158: 85 - 92, 2003.

56) Sasaki S et al. Self-reported rate of eating correlates with body mass index in 18-y-old Japanese women. *Int J Obes Relat Metab Disord* 27: 1405 - 1410, 2003.

57) Sakurai M et al. Self-reported speed of eating and 7-year risk of type 2 diabetes mellitus in middle-aged Japanese men. *Metabolism* 61: 1566 - 1571, 2012.

58) Maughan R et al. IOC consensus statement: dietary supplements and the high-performance athlete. *Br J Sports Med* 52: 439 - 455, 2018.

59) 公益財団法人アンチ・ドーピング機構HP：アンチ・ドーピングとサプリメント, https://www.playtruejapan.org/code/rule/supplement.html (2020年2月5日)

●監修者

田口　素子（たぐち もとこ）

早稲田大学スポーツ科学学術院教授、スポーツ栄養研究所所長。 管理栄養士、公認スポーツ栄養士。
早稲田大学大学院スポーツ科学研究科博士後期課程修了［博士（スポーツ科学）］。 日本ではじめてバル
セロナオリンピック（1992年）に競技団体専属管理栄養士として帯同。トップアスリートからジュニアまでサポー
ト経験豊富。 日本陸上競技連盟医事委員会スポーツ栄養部部長として活動中。

●執筆者（50音順）

青木　萌（あおき めぐみ）

早稲田大学スポーツ栄養研究所 招聘研究員
（エームサービス株式会社 運営・品質管理本部 IDSセンター
ニュートリション室）／管理栄養士

青沼　小百合（あおぬま さゆり）

早稲田大学スポーツ栄養研究所 招聘研究員
（エームサービス株式会社 運営・品質管理本部 IDSセンター
ニュートリション室）／管理栄養士
本書の編集・制作の中心的役割を担う。

麻生　香菜子（あそう かなこ）

エームサービス株式会社 運営・品質管理本部 IDSセンター
ニュートリション室／管理栄養士 公認スポーツ栄養士

石田　俊也（いしだ としや）

エームサービス株式会社 運営・品質管理本部 IDSセンター部長

石津　達野（いしづ たつや）

早稲田大学大学院 スポーツ科学研究科 博士後期課程／
管理栄養士

イ　シヒョン

早稲田大学大学院 スポーツ科学研究科 博士後期課程／
韓国登録栄養士

岡本　香（おかもと かおり）

エームサービス株式会社 運営・品質管理本部 IDSセンター
ニュートリション室／管理栄養士 公認スポーツ栄養士

加藤　みづ紀（かとう みづき）

早稲田大学大学院 スポーツ科学研究科 修士課程／管理栄養士

金子　香織（かねこ かおり）

早稲田大学スポーツ科学学術院 スポーツ医科学クリニック 助手／
管理栄養士 公認スポーツ栄養士

高井　恵理（たかい えり）

早稲田大学スポーツ科学学術院 助教／管理栄養士
公認スポーツ栄養士

竹畠　知里（たけはた ちさと）

エームサービス株式会社 運営・品質管理本部 IDSセンター
ニュートリション室／管理栄養士

西山　英子（にしやま ひでこ）

エームサービス株式会社 運営・品質管理本部 IDSセンター
ニュートリション室／管理栄養士 公認スポーツ栄養士

浜野　純（はまの じゅん）

早稲田大学スポーツ栄養研究所 招聘研究員
（日本陸上競技連盟医事委員会 スポーツ栄養部員）／
管理栄養士 公認スポーツ栄養士

松岡　未希子（まつおか みきこ）

エームサービス株式会社 運営・品質管理本部 IDSセンター
ニュートリション室／管理栄養士 公認スポーツ栄養士

村田　浩子（むらた ひろこ）

早稲田大学スポーツ栄養研究所 招聘研究員
（十文字学園女子大学 人間生活学部 健康栄養学科 准教授）／
管理栄養士 公認スポーツ栄養士

本　国子（もと くにこ）

早稲田大学大学院 スポーツ科学研究科 博士後期課程
（聖徳大学 人間栄養学部 人間栄養学科 助教）／管理栄養士
公認スポーツ栄養士

吉居　尚美（よしい なおみ）

早稲田大学スポーツ科学学術院 スポーツ科学研究センター 研究
助手／管理栄養士 公認スポーツ栄養士

●レシピ監修

田口　素子（たぐち もとこ）

青沼　小百合（あおぬま さゆり）

高野　誠（たかの まこと）

エームサービス株式会社 運営・品質管理本部 運営管理センター
運営企画室 参与
入社後、企業・病院等複数現場の調理長を経て、同社の調理部門
の責任者を長く務める。また同社が過去に受託した国内外の大型国
際スポーツイベントにおいても、レシピ作成や調理指導を行う。

●レシピ・調理（50音順）

織笠　力（おりかさ つとむ）

エームサービス株式会社 運営・品質管理本部 運営管理センター
運営企画室 室長

川崎　義昭（かわさき よしあき）

エームサービス株式会社 運営・品質管理本部 運営管理センター
運営企画室 プロダクションスーパーバイザー

高野　誠（たかの まこと）

Sports Nutrition

SERVICES

早稲田大学スポーツ栄養研究所

スポーツ栄養学に特化したわが国初の研究
所。競技者のための最新の栄養・食事ガ
イドライン策定に関わる研究を推進し、エ
ビデンスにもとづくスポーツ栄養学の発信
を行うために2013年に設立。研究所のメ
ンバーは、スポーツ栄養学、運動生理学や
スポーツ医学などの学内教員を中心に、企
業とも連携しながら研究活動を推進してい
る。2017年度には全所員および招聘研究員
が参画して『アスリートの栄養アセスメン
ト』を出版した。研究成果を論文として発
信するのみならず、アウトリーチ活動も積
極的に行っている。

エームサービス株式会社

「食から日本の未来を支えます」というコー
ポレートスローガンのもと、オフィスに工
場や医療施設、また学校にカフェやスタジ
アム、さらには国際スポーツイベントなど、
全国約3900か所の施設で1日約130万食を
提供している。また、13名の公認スポーツ
栄養士(2020年3月現在)を抱えて、ラグビー
や陸上、バレーボール、野球など約50の
企業や団体、学校などの施設でスポーツ栄
養サポート業務を受託。日々の食事提供
だけでなく、チーム全体への栄養アドバイ
スや遠征先での食事の選び方など、目的に
応じた講習も実施している。

Staff
カバー・章扉イラスト　みずす
デザイン／本文イラスト　門松清香
スタイリング　吉岡彰子
撮影　青山紀子
編集　こいずみきなこ
校閲　くすのき舎

一人暮らしでも、朝練の日でも、遠征の日でも
これなら続けられる
アスリートのための朝食術
2020年5月10日　初版第1刷発行

監修者　田口素子
著　者　早稲田大学スポーツ栄養研究所・エームサービス株式会社
発行者　香川明夫
発行所　女子栄養大学出版部
　　　　〒170-8481　東京都豊島区駒込3-24-3
　　　　電話　03-3918-5411(営業)
　　　　　　　03-3918-5301(編集)
　　　　ホームページ　https://eiyo21.com/
振　替　00160-3-84647
印刷・製本　中央精版印刷株式会社

ISBN978-4-7895-5137-3